JN109760

不用品から知識・ノウハウまで、
スマホでサクサク利益をあげる！

0《ゼロ》円で始める
副業ネット販売

株式会社心と体サプライズ代表取締役
上田祐輝

合同フォレスト

・本書で紹介しているサービスは、予告なく名称が変わったり、内容が変更されたり、サービスが終了したりする場合があります。
・本書に記載している画像も、特定の時期に特定の環境下で表示されたものです。まったく同じ画面が表示されるとは限りませんので、あらかじめご了承ください。
・検索サイトやSEO対策については基準が公表されていないため、市場によるデータを分析し推測した内容です。
・できる限り正確な情報を提供することに努めましたが、確定的な結果を保証するものではありません。どのような結果が出ても、その責任は一切負えませんので、あらかじめご了承ください。

はじめに

あなたの悩みを教えてください。

収入が少ない、職場の人間関係で悩んでいる、趣味にお金がかかる、病気で生活するのが大変、といったことでしょうか。あるいは、家族や将来のことで悩んでいるかもしれません。もしかすると、ここに挙げたどれでもない悩みの場合もあるでしょう。生きていく上で悩みは尽きないものですが、多くは収入が増えるだけで軽減したり解消したりするものです。

私は27歳のときに、父親が経営していた家業のテント屋の売上が低迷して、お金の悩みに直面しました。会社の借金がある上、私の学費や車のローンの返済も残っており、人生最大のピンチを迎えました。理学療法士として勤務していた病院を退職し、家業を助けるしかない状況になりました。

父親は60歳を超えていたので、重労働をするには肉体的に厳しい。借金があるため、投資して新しい事業に挑戦することもできません。

「いったいどうしたらいいんだ……」

毎日考えていると、ストレスからか胃痛までするようになりました。


そんなときに出合ったのが、「無料サービスで始めるネット販売」でした。「株式会社いないいないばぁ」というユニークな名前の会社が、ネット販売のノウハウを教えてくれたのです。「これしかない！」という気持ちで、家族で協力してネット販売を始めました。東京にいる弟も時折福井まで戻って手伝ってくれました。

パソコンでネット販売のページを作りましたが、主力商品として売りたい日よけシートはまったく売れませんでした。

販売して、利益を出すには、ノウハウが必要だったのです。私は理学療法士として医学の知識はあっても、ビジネスに関しては完全にド素人でした。

そこで「いないいないばぁ」のスタッフのみなさんをはじめ、全国の成功した人々に会いに行って、話を聞きながら、販売方法を修正していきました。そうするうちに、次第に売るためのコツがわかってきました。

1件目の注文が入ったのは、半年後でした。たった1件でしたが、家族で大喜びしたことを覚えています。

その後、ネット広告を出すことで、1年後には月30万円の売上をあげることができました。父も「すごいなぁ。これはなんとかなるかもしれない」と驚いていました。

のちほど詳しく紹介しますが、さらに広告の内容を改善し、掲載数を増やしていくと、2年目に月400万円、3年目に月1500万円と飛躍的に売上が上がってきました。

資金も、ビジネスの知識もまったくありませんでしたが、家業の危機を回避するという奇跡を起こせたのです。2020年が明けてからは新型コロナウイルスが流行していますが、売上は落ちることなく、順調に伸びています。

現在では、私が培った成功ノウハウを知りたいと相談を受けるようになりました。経営者だけではなく、副業としてネット販売を始めたいというサラリーマンの方や、主婦の方からも相談が多く来ます。定年を迎える方からも「年金だけでは足りない。手軽な副業がないか」という相談が寄せられます。

本書には、成功した方の知恵を必死で聞き廻り、さらに私自身で工夫したノウハウをギュッと詰め込みました。

「ネット販売」で成果を出すには、相手の顔が見えないネットだからこそ「誠実さ」が重要になります。直接人と会って商品を勧める以上に、相手にあなたの誠実な思いが伝わったとき、売上を出してコンスタントに維持していくことができます。

これこそが、本書の最大のポイントです。私がネット販売で成功できたのは、ビジネスの知識や学歴があったからではありません。最初はお金も知識もまったくありませんでした。たくさんの人の支えがあった上で成功ノウハウが手に入り、誠実な気持ちで行動した結果です。

ネット販売にご興味のあるあなたや、経済的な悩みを抱えている方、あるいは事業主の方の、収入アップの参考になれば幸いです。

2020年5月　　上田　祐輝

■目次■

第2章　無料サービスでネット販売を開始する方法

第3章　副業からスタートできる商材の探し方

第4章 売れるトップページの秘密

第5章　売れるネット販売ページの構成とは

第6章　ネット販売で魅せるコピーライティング術（文章術）

第7章　ネット販売の運営テクニック

第1章

なぜネット販売が大人気なのか

0円から新しい収入源を作れる

あなたの年収はいくらありますか？

好きな仕事ならまだしも、大変な仕事をしている上に収入が少なかったら、心も辛くなってしまいます。実際、**年収800万円までは「収入が増えるにつれ幸福度も上がる」**というデータがあります（図1－1）。お金が幸福のすべてではありませんが、お金があなたの幸福感、暮らしの安全を保障してくれるのは間違いありません。

ネット販売を始める人が増えているのは、ズバリ新しい収入先が得られるからです。それも副業として、あらたな投資をすることなく始められるからです。副業としても、専業としても展開ができ、主婦でも学生でも新しい収入先を得られるのです。

ネット販売の市場規模は、2008年の時点では年間、6兆円程度ありました。その後も右肩上がりに伸び続け、2018年では年間、18兆円程度の市場規模に拡大しています。一般的な男性360万人分の年収に匹敵するお金が動いているのです。市場規模がこの10年で3倍以上になっていることからも、勢いが加速し続けていることがわかり

図1－1　収入と幸福度の相関

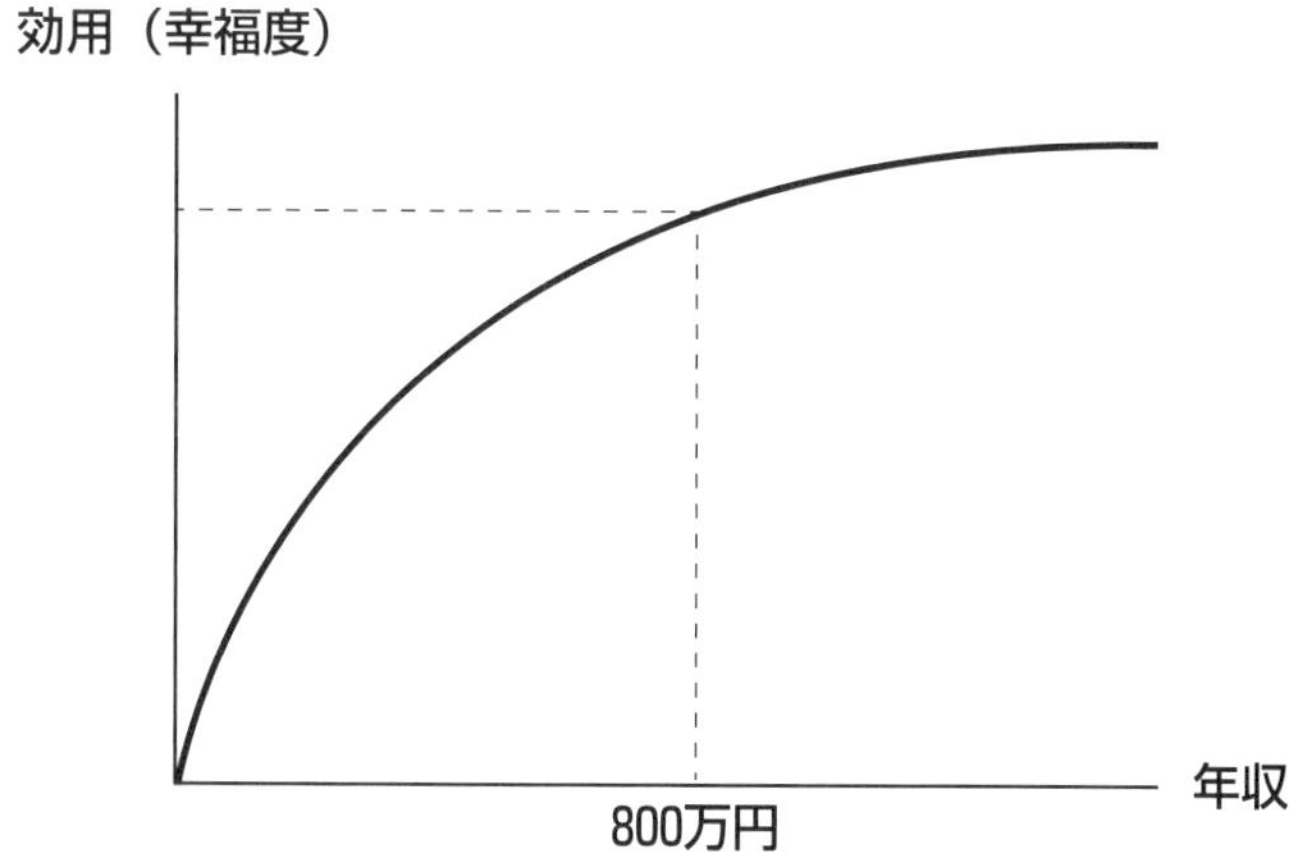

（出典）『幸福の「資本」論』（橘　玲著、ダイヤモンド社、2017年）

図1－2　ネット販売市場の伸び率

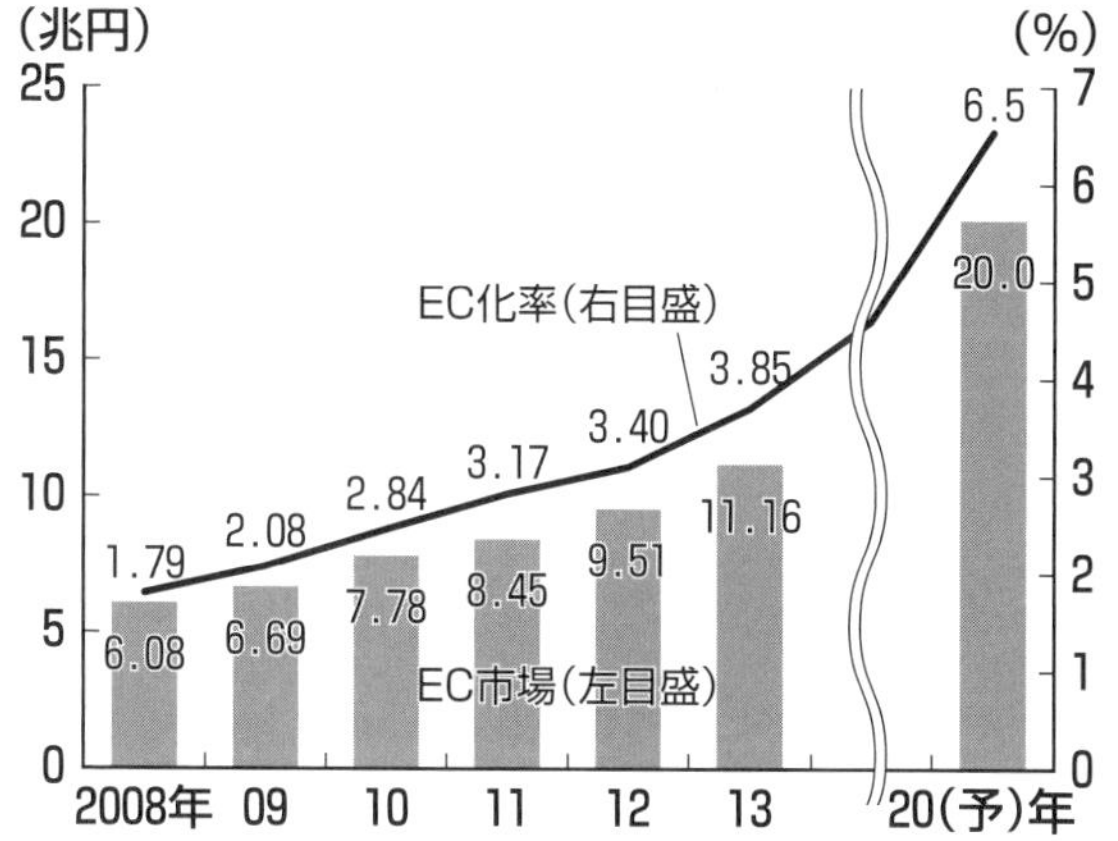

（出典）経済産業省「電子商取引に関する市場調査」2019年を一部改変

ます（図1－2）。

何よりネット販売なら、現在の仕事を辞めなくても、今からでも起業することができます。経営者なら現在の事業を続けたまま、サラリーマンなら現在の会社に勤めながら、主婦や学生なら今の生活のままで、新しく挑戦することができます。

ネット販売は肉体労働ではないため体力も要りませんし、一度でも売れるネット販売のページを持ってしまえば、基本的にはあとは放置していても良いのです。あなたの代わりにインターネットが働き続けてくれます。普段通りの仕事と生活をしていて、収入を増やすことができるのです。これこそが、全国でネット販売が大人気になっている大きな理由です。

借金があるどん底からでも始められる

貯金がなかなか増えないという経験はないでしょうか。

貯金に株や投資などの資産を合わせた「貯蓄」について、次のようなデータがあります。

貯蓄の平均額は、29歳以下で１５０万円、30~40代で５００万円、50代以上で１０００万円程度です。約半数の人はこれより少ないということになりますが、貯蓄を増やすことにはみんな苦労しています。

実は**これまでは、お金を持っている人だけがお金を増やせる時代**でした。成功したいと思って**新しい事業を始めるとすると、２０００万円以上は当たり前に必要**だったのです。事務所の家賃、水光熱費が必要だったり、設備費や人件費がかかったりするからです。そうした多くの初期費用を投資して、手持ちの資金が尽きない前にチャンスを掴むことができれば、事業が廻っていきますが、会社が2年、３年、５年と継続していくのは、なかなか至難の業なのです。

インターネットのビジネスも同様でした。ネット販売をするための初期費用は、コンピュータ一式に10万~20万円、ホームページの制作に40万~50万円程度、毎月のホームページの維持費が3万円程度、初年度だけで80万円以上が必要でした。最初からうまく売上がある保証がないので、手元に十分な資金がないと、工夫を重ねたり、新規のチャレンジをしたりすることが困難でした。つまり、十分なお金がある人だけが新しいチャレンジをして、さらにお金を増やすことができ、お金のない人にはそのチャンスが与えられていなかったのです。

しかし、**最新のネット状況は格段に整備されています。初期費用0円のネット販売サービスが続々と誕生しています。**たとえあなたに多額の借金があったとしても、スマホかパソコンが1台あれば、ネット販売ビジネスに挑戦ができるのです。

最新のネット販売は無料サービスをうまく使えば、維持費すらかかりません。新しいビジネスに挑戦するのに、場所を借りたり、設備費がかかったり、人件費がかかったりすることもありません。誰もが挑戦できるこれほどのチャンスは、これまでになかったと言ってよいでしょう。

学歴や文才も関係なくできる

何をするにも学歴や才能が必要だと思ってはいないでしょうか。

メールのやりとりひとつとっても、次のような悩みを多く聞きます。

・文章を書くのが苦手

・国語が苦手で、むずかしい言葉を知らない
・自分の思いをうまく言葉で伝えられない
・内容が相手に違う意味で伝わっていた

このような経験は、多かれ少なかれ、誰にでもあるかもしれません。

しかし、**ネット販売はやさしい言葉だけを使って、始めることができます**。むずかしい言葉を使う必要は一切ありません。むしろ、むずかしい言葉を使うと相手がきちんと理解できず、購入につながらないことがあります。ですから、誰もがわかる簡単な言葉でわかりやすく伝えるほうが、多くの人があなたの商品やサービスの良さをわかってくれて、売上につながるのです。


文章を書くのが苦手だったり、学校の勉強ができなかったりしても、安心してください。やさしい言葉だけを使って販売ページを作り、お客様とメールのやりとりをして、商品やサービスはきちんと売れるのです。

何より、ネット販売は画像を使うことができます。文章がイマイチでも、商品やサービ

スの写真が明るくて良さそうに見えれば、それだけで売れることもあります。販売するにあたって一番大事なのは、相手にあなたの商品の良さを伝えることなのです。

インターネットは全国で自動販売してくれる

自分の商品やサービスを売りたいと思ったとき、まずはその存在を世の中の人に知ってもらう必要があります。その数が多いほど、売上も多くなります。つまり集客が売上を左右するのですが、インターネットには集客の部分でも大きな利点があります。

インターネットが広く普及したのは2000年ごろと言われていますが、それ以前に商品を販売した人は、集客に苦労しました。お金のない個人が商品やサービスを知ってもらうには、地道にチラシを配ったり口コミで広めてもらったりする方法しかありませんでした。新聞や雑誌、テレビなどのメディアを使うと高額になってしまうからです。

一例ですが、インターネットを使わずに集客をすると次のようになります。

①まず、チラシを1000枚用意する（デザイン＋印刷代＝3万円以上）
②次に、2～5日間歩き続けて1000枚のチラシをポストに投函する
③結果、1～3件の問い合わせが来る

チラシを用意して何日も歩き続けてポスティングしていくのは大変な労力がかかります。何より、**チラシはすぐ捨てられてしまうことが多いため、問い合わせがある反応率はわずか0・1～0・3%**と言われています。

チラシを作成する手間と、配った時間の労力からすると、相当な利益が残らないとビジネスとして成立させるのは困難です。また、チラシを配布するエリアが限定されるため、集客も狭い地域のみになってしまいます。地域の人をターゲットにした商品ならいいのですが、多くの人に売りたいのであれば、全国にいるお客様を逃していることになります。

一方でネット販売は、そのようなわずらわしさは一切ありません。

日本はおろか世界中からあなたの用意したページに来てもらえます。そして無料で商品

やサービスを知ってもらうことができます。

チラシ配りのように、歩き回る大変さもありません。自らお客様を探さなくても、お客様の方から検索をしてあなたを探してくれるのです。ですから、あなたが仕事や家事で疲れ果てて休んでいるときも、**全国から勝手にページに来て購入してくれる**のです。

また、集客の効果測定ができるのもネット販売の強みです。チラシなどのアナログな宣伝方法では、どんな人がチラシのどの部分を見たのかわかりません。

対するネット販売は、何というキーワードで検索したのか、ページのどの部分を多くの人が見ているのか、といったことまでわかります。それを踏まえて修正を加え、ブラッシュアップしていけるので、どんどん効率が上がります。

リスクなく何度も挑戦できる奇跡

あなたは仕事や生活の中で「絶対に成功したい」と思うことはありますか。

現代は限りなく成功確率を上げられる時代になりました。「お金持ちになりたい」という夢を叶えるのに、最高に恵まれた時代になったのです。

従来のビジネスは、数千万円の借金をして会社をつくって、あとは成功するかどうか賭けるしかありませんでした。絶対にうまくいくと思っていたことが失敗したり、「これは無理だろう」と思っていたことが成功したりすることが多々あるのです。

世の中は、良くも悪くも予測不能なことが起こります。もし**失敗すれば多額の借金を抱え、返済に追われる人生が待っています**。かなり大変な思いをすることになります。

ここで成功確率の話をします。

年末ジャンボ宝くじで一等を当てる確率は約2000万分の1と言われます。つまり、わずか0・000005%しかありません。一攫千金の夢はありますが、絶対に当てたいとなると、かなり厳しい数値です。

では、副業や専業を含めたビジネスではどうでしょうか。個人事業の10年生存率は10%程度、会社の10年生存率は35%程度と言われています。宝くじよりは高い確率で成功するわけですが、それでも**10人がビジネスに挑戦して成功できるのは1〜3人**と少数です。何年もかけて数千万円を用意しても、7〜9割の確率で失敗してしまうことになります。絶対に成功したいと思って作戦を練って、準備万端整えて挑んでも、失敗する確率の方がはるかに高いということです。非常に厳しい現実です。

では、どうしたらよいのかというと、「**リスク0で成功するまで何度も試す**」ことです。

先ほどの事業の生存率10〜35%の間をとって、ビジネスを1回試して成功する確率を仮に20%だとしましょう。そして、リスク0で何度も挑戦できるとすると、成功確率は限りなく100%に近づけられるのです。

計算すると、次のとおりです。

1回目で成功する確率＝1－(0.8)＝20％
2回目で成功する確率＝1－(0.8^2)＝36％
3回目で成功する確率＝1－(0.8^3)＝49％

⋮

10回目で成功する確率＝1－(0.8^{10})＝89％
11回目で成功する確率＝1－(0.8^{11})＝91％

⋮

20回目で成功する確率＝1－(0.8^{20})＝99％

＊小数点第三位以下を四捨五入して計算

いかがでしょうか。**ビジネスの成功率が20％でも、20回やれば成功確率はなんと99％にもなるのです。**これが成功している人の考え方です（図1－3）。

では、具体的にどのようにしてリスクなく何度も試すかというと、あなたが**売りたい商品やサービスのページを、先に無料で作ってしまう**ことです。在庫を抱えずに借金もせずに、商品やサービスの販売ページを作るのです。

そして、先行予約のみを開始します。先行予約がどの程度入るかで、あなたがやりたいビジネスがうまくいくのか、ある程度の予測がつきます。

もし、売りたい商品やサービスの先行予約がまったく入らなければ、そっと撤退すればいいのです。これで多額の借金を作らずに済みます。これだけで人生が一度救わ

図1－3　ビジネス成功の法則

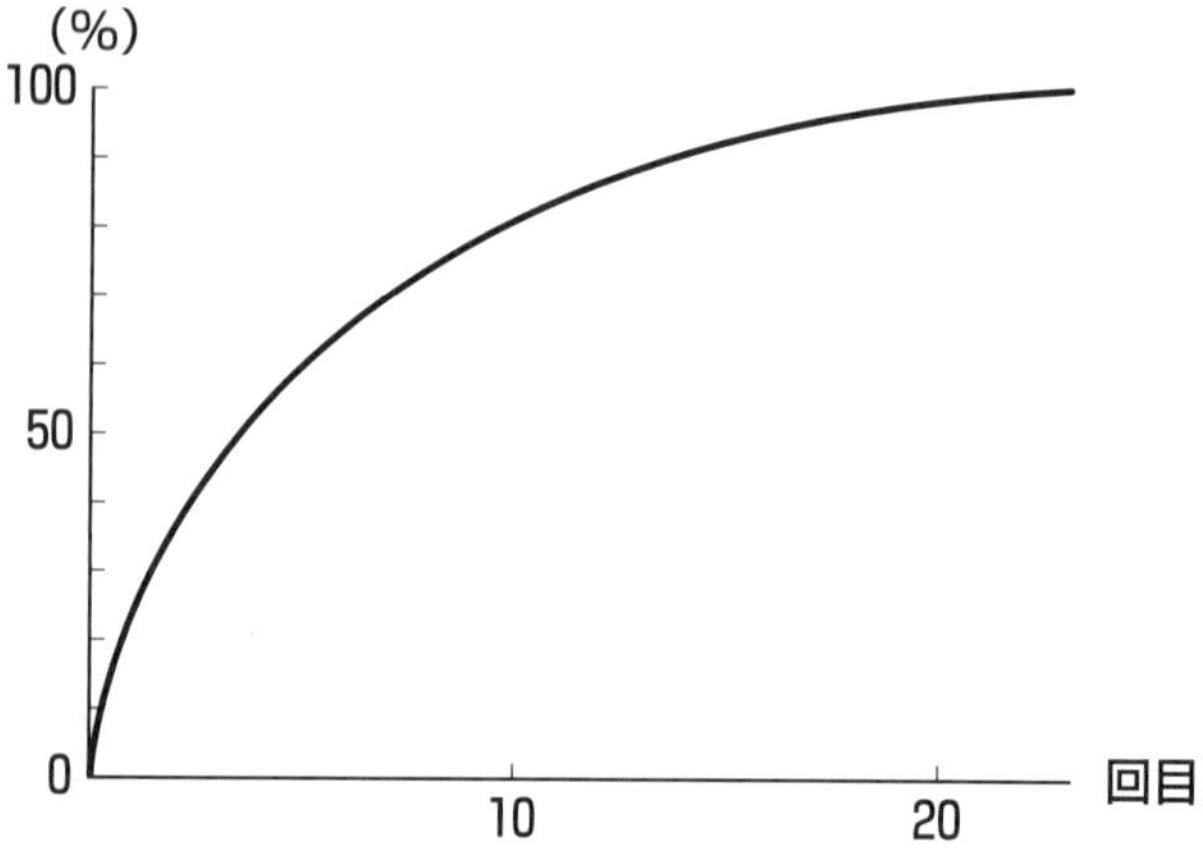

（著者作成）

れるのです。そして、もし予約が多く入れば、そのままビジネスを始めて成功に近づくことでしょう。

このように、先に無料でページを作ることで、大量の在庫を抱えずに済んで、借金を作るリスクもないので、成功するまで何度でも挑戦することができます。

ビジネスで成功している人の多くは、こうした現状をふまえ、「現代は奇跡の時代」と言います。成功している人たちほど、時代の流れをしっかりと感じ取っているのです。本書を手に取ったあなたも、ぜひこのチャンスをものにしてください。

「永久不変の法則」×「最新ノウハウ」が成功のカギ

ビジネスでお金を得るには、流行に流されるだけではなく、流行をうまく利用する必要があります。自分に有利に働くように、時代の流れを味方につけるのです。これがうまくできると、最小限の力で大きな結果を出すことができます。

ビジネスで成功している人たちは、新しいものをどんどん取り入れています。最新のやり方でネット販売をしたり、日々進化しているインターネット広告を次々と出したりしています。ビジネスの資金集めだったら、たくさんの人から出資してもらうクラウドファンディングを利用して、その段階でリピーターを作る工夫までしています。世の中に普及していく前が一番おいしいとわかっているため、最新のものをいち早く取り入れる成功者は多いのです。

図1－4を見てください。商品やサービスの普及の流れに関して、イノベーター理論という考え方があります。これは「新しいものを積極的に取り入れる人（イノベーター）」と「普及

図1－4　イノベーター理論

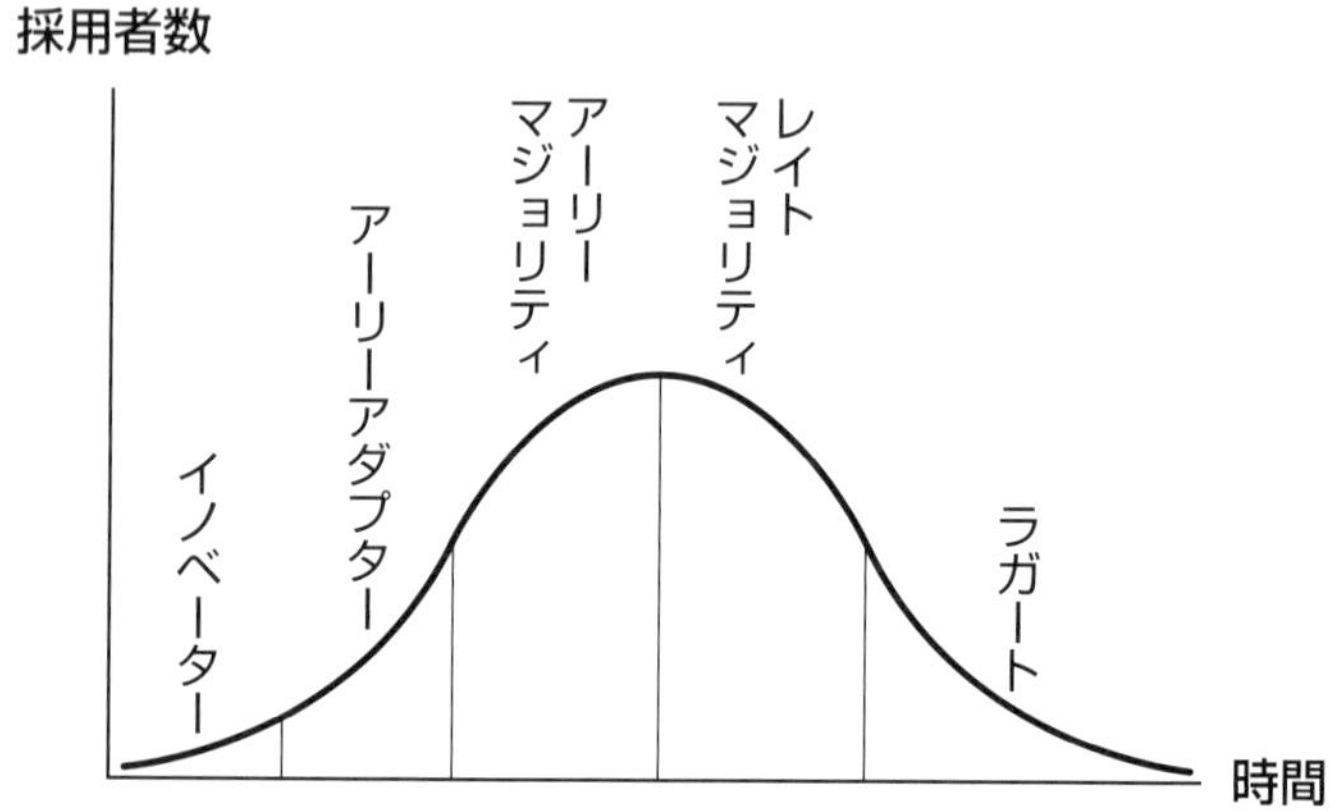

してから取り入れる人（レイトマジョリティ）」「誰もが使うようになってから最後に取り入れる人（ラガート）」といったように、普及の段階を5段階に分けたものです。

段階に応じてマーケティング戦略を変えると効果的、という理論なのですが、この図からわかることがもう一つあります。それは、**流行の最初に乗った方が得**ということです。

ブログでもYouTubeでも、最初に始めるだけで大きな利益を受け取ることができるのです。

その理屈でいうと、ネット販売はこれからも伸びていく一方なので、まだまだチャンスといえるのです。

とはいえ、最新の手法でネット販売を行えば、楽をして世の中の人を思い通り動かせるということはありません。人を動かす言葉の伝え方や、伝える順番、共感の集め方などを工夫した、相手のニーズに応じた売り方が必要なのです。

後でご紹介しますが、チラシでもネット販売のページでも、注目を集める内容構成はほぼ同じです。永久不変の法則と最新のものを組み合わせることで、大きな結果を出すことができるのです。

完全無料でネット販売ができる時代

世の中は常に進化しています。特にパソコンの性能は格段に上がっているため、これまでになかったサービスが次々に誕生しています。あなたがその一つでも使いこなすことができたら、大きな利益を得ることができます。

以前は資金のある企業だけが立派なホームページをもっていました。今では、パソコンの性能やソフトの進化によって、誰でも容易にページを作れるようになり、さらに、無料で使えるコンテンツの範囲や質がどんどん上がっています。お金をかけなくてもネット販売ができるようになったのです。

無料化が進んでページの数が増えているため、**これからはページの質の時代**になってきます。ネット販売でも、ページをもっているだけでは売れなくなってきています。見ている人が思わずほしくなるような、質の高いページが増えているのです。

本書では、質の高いページとは何か、どのように作れば良いのか、その手法を詳細に解説しています。

ぜひあなたも質の高いページを作って、人生のチャンスを広げてください。お金や学歴や地位がなくても、豊かになれる時代を生き抜いていきましょう。

無料サービスのみで月1500万円の売上をあげた実例

生きていく上で、お金の悩みは尽きないものです。

・借金を返さないといけない
・家や車のローンがある
・子どもの学費を払わないといけない
・将来、年金だけでは足りない

考えるときりがありませんが、私の家業の場合、父が作った日よけシートを「クールブレイド」と名付けて、無料サービスのネット販売を使って売ることにしました。ネット販売の無料サービスを使うことで、少なくとも費用を工面する必要はありません。

親が経営していた家業のテント屋の売上が低迷して、借金に追われていましたから、あらたに費用をかけられない状況でした。売上代金の決済手数料も入金があってから支払う方法にしました。

唯一、販売ページで最初に見られる**トップ画像だけは１枚１６２０円でデザイナーに作成してもらいました。かかった初期費用はたったこれだけです。**こんなスタートでしたが、根気よく続けたら、**３年間で月１５００万円の売上**を実現するまでになりました。ほぼ０円の投資で、お金が増えるようになったのです。

ネット販売は、結果が出始めると自動的に拡大していくという特徴があります。月30万円のときも、月１５００万円のときも、やり方や内容はほとんど同じです。一度うまくいくポイントを見つけると、全国から一気に問い合わせが来るため、結果が大きく伸びるのです。今では維持費はほとんどかけずに販売ページを維持できています。ほかにも無料でページを複数作って、どれも利益を出せています。

正しいやり方で、質の高いページを作れば、無料で作成したページであろうが誰でも売上を出せます。結果を残しているのは、私だけではありません。無料サービスを使って利益を出している人は全国で増え続けています。

本書はできるだけ多くの人が実践できるように、考え方からやり方までを、なるべくわかりやすく、具体的に書きました。リスクなくできるので、あなたも気軽な気持ちで始めてみてください。

・ネットビジネスの心得①　お金儲けは良いこと？　悪いこと？

　さてここで、お金の本質について考えてみましょう。あなたは友人と二人で無人島にいるとします。

　二人とも100万円ずつ持っています（図①）。

　あなたはまず島中を探し回って食料を集め、友人にも分けてあげました。友人は貴重な食料をくれたお礼にと、あなたに100万円をくれました。あなたの所持金は200万円、友人はお金を手放したのと引き換えに食料を手にしました（図②）。

　今度は友人が木材を集めて、あなたのために家を建ててくれました。あなたは友人に100万円の謝礼を渡しました。

　さて、二人は今、何を持っているでしょうか。そう、無人島に来たときと同じように、それぞれが100万円を持っていて、さらに食料と家も持っています

（図③）。つまり、**お金が動いた分だけ、二人の持ち物が増えて豊かになったのです**。

このように、お金を儲けるということは、その分だけ世の中が豊かになるということなのです。言い換えれば、お金の移動が多ければ多いほど、多くの人が豊かになるのです。

現代社会は、無料サービスがあったり、安く利用できる公的サービスがあったり、少数ながら人をだましてお金を取る詐欺があったりするため、お金儲けの本質がわかりにくくなっています。

この話を知ったあなたは、世の中で困っている人を助けるために、どんどんお金を儲けてください。そうして集めたお金を、また世の中に返していけばいいのです。

第2章

無料サービスでネット販売を開始する方法

無料でスマホ用に縦長のページを作ろう

「相手に何でも言うことを聞いてもらえる」

そんなことができたら、夢のようだと思いませんか？

実は、縦長のネット販売ページならそれができるのです。画面の上から下までをスクロールするだけの縦長のページを「ランディングページ」といいます。この**縦長のページは、相手にあなたのお願いを一つだけ聞いてもらえる魔法のページ**です。「お金を出して商品を買ってください」や「私の講座を受けてください」といったことを聞いてもらうことができます。

なぜそんなに都合よく聞いてもらえるかというと、そういうふうにページ全体を作り込んでいるからです。お客様にしてほしい一つの行動を導くために、写真も文章もデザインも、すべてのエネルギーを注ぎ込むのです。これにより、ホームページなどのサイトで行動を促すよりも、高確率で思った通りに行動してもらえるようになります。

お願いが一つだけに限るのは、いくつもあると混乱されたりうっとうしく思われたりして、結果的に一つも聞いてもらえないからです。縦長の販売ページでお願いできるのは一つまで、と覚えておきましょう。もちろん全員が聞いてくれるわけではありませんが、うまく作れば100人に1人程度は聞いてくれます。少なく感じるかもしれませんが、100人に1人のペースでお願いを聞いてくれたら、大きな利益を受け取ることになります。


ページを縦長にする理由は、スマホが普及しているためです。現代のスマホの世帯保有率は75%以上であり、パソコンよりも高い数値です。実際にネット販売でページの訪問者を確認すると、7~8割はスマホから訪問しています。ですから、あなたがネット販売で相手にお願いをするときは、スマホで見やすいように画面構成を縦長にします。

ホームページは、メニューバーから最初に開いた販売ページ以外にも飛ばれてしまうため、商品を売るのには不向きです。販売においては、ほかのページに離脱されないように1ページにした方が良いのです。

おすすめは「ペライチ」の無料サービス

では、具体的に**どのように縦長のページを作るかというと、「ペライチ」というサービスがおすすめ**です。このサービスは、メールアドレス1つにつき1ページ無料で縦長のページを作ることができます。非常に簡単に作れるため、初心者でもページをもって売ることが可能です。ネット検索で「ペライチ」と入力すれば、検索結果に出てきます。ぜひあなたもメールアドレスを登録して始めてみてください。

本書では、いくつもの無料サービスを紹介していきます。

「無料サービスよりも有料サービスの方が結果が出るのでは？」と思われるかもしれませんが、**無料サービスを使って結果が出せない人は、有料サービスを使っても結果は出ないもの**です。なぜなら「人を動かす原理は、無料でも有料でも同じ」だからです。どうしたら人を動かせるかがわかれば、たとえ無料サービスでも人を動かして成果を出すことができます。その状態で有料サービスを使って初めて効果的に売上を伸ばすことができるのです。

例えば、ページのデザイン。どんなにお金をかけて見栄えの良いページを作ったとしても、世の中の人が求めている商品を販売していなければ、売れません。商品の写真においても、どんなにお金をかけてプロに撮ってもらったとしても、ページを見に来る人が求めている商品と違えば、まったく意味がないのです。

反対に、世の中の多くの人が求めている商品を販売していて、アピールのノウハウがわかっていれば、わずか1行の文章でも売れることがあります。そうなってからお金をかけて、デザインや見栄えにこだわることで、さらに大きな利益を出すことができます。表面的に良さそうに見えるのではなく、中身がしっかりしていることが大事なのです。

もちろん、有料サービスをいきなり使って結果を出せることもありますが、売れなかったときのリスクは最小限にしたいものです。ですから、まずは**無料サービスを上手に使って経験値を積むことがおすすめ**です。無料サービスの質は格段に上がっていますし、十分売ることはできるので、ぜひ無料サービスから始めてみてください。

悩んでいる人が多いものほど売れる商品に結び付く

「良い商品を売って人の役に立ちたい！」

そんな気持ちで販売できたら、すばらしい限りです。良い商品を売って喜ばれて、売上に結び付けば、それに越したことはありません。しかし、一つだけ気をつけてください。それは、**あなたの売る気が強ければ強いほど、お客様は押し売りをされているように感じて離れてしまう**ということです。

一生懸命やっているのに、それが裏目に出てしまうのは悲しいことですが、あなたもしつこい営業にうんざりした経験があるのではないでしょうか。よかれと思って行動しても、相手も同じように思ってくれるとは限らないのです。

そこで大事なのが、「世の中の悩みに合わせる」ということです。それさえできれば、何も言わなくても相手の方からあなたの商品を求めてくれます。ネット販売でいえば、ページの上部で「○○のことで悩んでいませんか?」と聞いてあげることが重要になります。その問いかけの内容が相手の悩みと合っていれば、相手も興味をもち、商品を見てもらうことができます。

ビジネスをするときは、自分の売りたい分野に関するお客様の悩みを調査しましょう。そのリアルな悩みを調査して把握できているほど、多くのお客様が集まってきます。

悩みを調べる方法として一番有効なのはアンケートを取ることです。世の中の人は今、どのようなことで悩んでいるのか、できる限り多くの人に直接教えてもらうのです。

しかし、インターネットを使って多数の人に聞くとしても、調査会社に依頼する場合は費用がかかります。しっかりとした統計データを取ろうとすると、10万円以上はかかることでしょう。いくら無料サービスを使って販売できても、最初にお金がかかってしまうのはリスクにもなります。

そこでおすすめなのが、**「Ｙａｈｏｏ！　知恵袋」や「教えて！　ｇｏｏ」といった質問サイトで調査をすること**です。これらの質問サイトで、回答を見るのではなく、質問文を見て悩みを読み取ります。これは無料できる強力な方法です。

例えば、Ｙａｈｏｏ！　知恵袋の検索画面で「ダイエット」と入力します。そうすると、ダイエットについての質問が多く出てきます（図2－1）。そのとき一番上にある質問に「とにかく短期間で痩せるにはどうしたらいいですか？」とあったとします。そうすると「短期間で痩せたい」というのが「悩み」だとわかります。

このように、質問から悩みを読み取ることができるのです。そして、**悩みをいくつも見ると、共通点が見えてきます。**それこそが、世の中に多い悩みなのです。

あなたが商品を販売するのであれば、その悩

図2－1　Yahoo!　知恵袋の検索画面の例

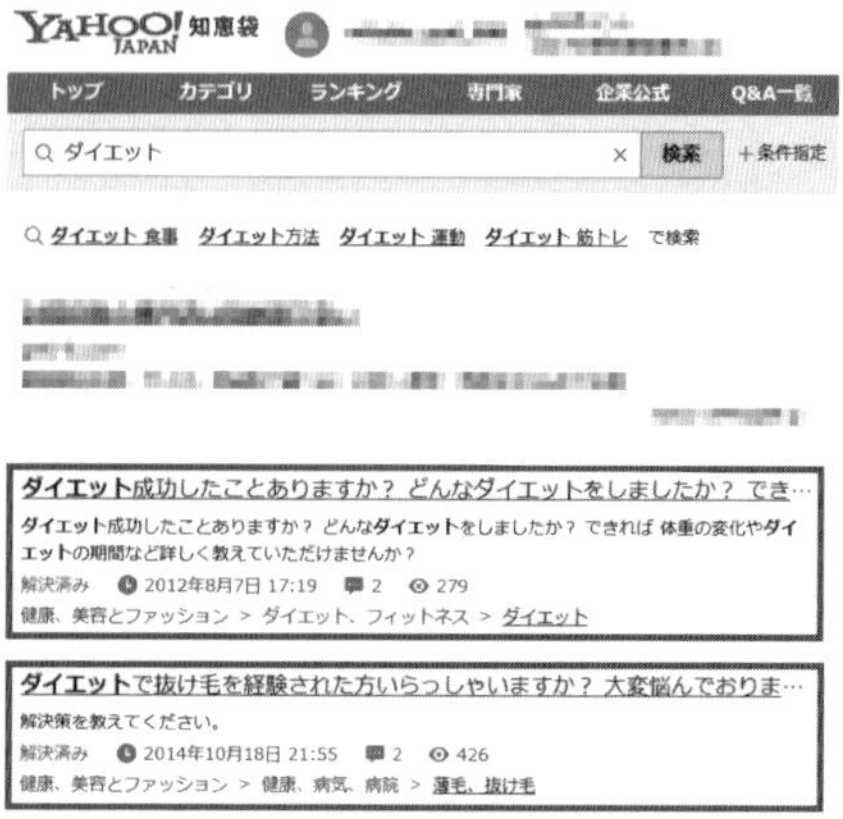

みに合わせた商品を用意したり、ページの文章を用意したりすれば良いのです。そうやって販売していくと、お客様が喜んで買ってくれるという流れが生まれます。

調査する質問の数は、多ければ多いほど良いでしょう。どの分野でもたいてい100以上の検索結果が出ますが、なるべく多くチェックするようにしましょう。また、質問のキーワードを「ダイエット　方法」というように少し変えるとさらに別の結果が出ます。面倒だと思われるかもしれませんが、思いつく限りの検索キーワードでできるだけ見ることをおすすめします。

この目に見えない作業こそが、ライバルとの差になります。販売ページは早ければ5時間程度でできてしまいますが、このような努力の差が、売上を大きく左右するのです。

最近は「Yahoo!　知恵袋」や「教えて!　goo」で調査するやり方が以前より広まっています。しかし、実際に調べる人はひと握りです。まだまだチャンスがありますので、ぜひ調査してみてください。

ほめられる人にお金が集まる

図2－2をご覧ください。

思わず欠けている部分に目がいってしまったのではないでしょうか。人は欠けているところ、足りないところに目がいってしまいがちです。しかし、あなたがこれから**ネット販売で成功するためには**、他人の足りないところではなく、**良い部分を意識することが大事**になります。世の中には、うまく販売しているページが無数にあります。その良いところを見つけるほど、あなたもうまくマネができて成功を収めることができるのです。

図2－2

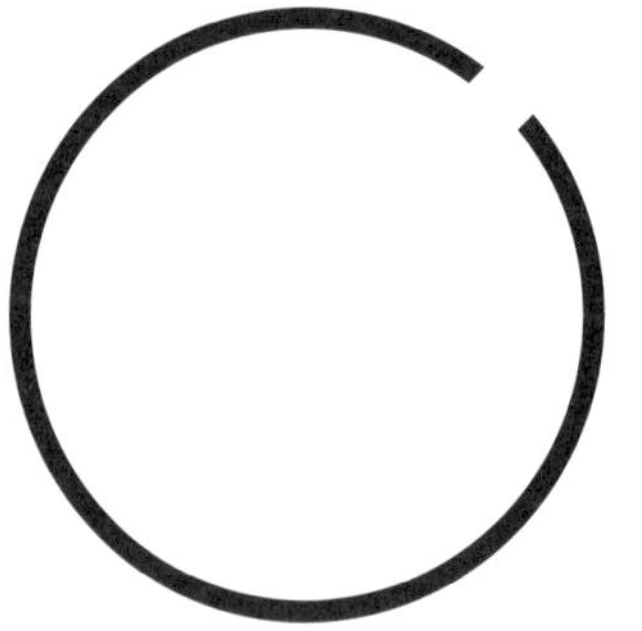

経営者でもスポーツ選手でも、成功している方は、相手をほめるのが上手な人が多いのです。ほめ上手な人は、相手と良好な人間関係を築くことができます。また、人の良いところに目がいくことで、自分を省みてその良さを取り入れることもできるのです。

あなたが**思わず買いたくなるすてきな販売ページを見つけたら、どの部分が良いと思ったかを言葉にして誰かに紹介してみてください。**デザインに統一感があって良いのか、文章の書き方がうまいのか、商品を提示する順番が良いのか、考えるくせをつけておきましょう。他人のページの欠点ばかりを探して批判することはおすすめしません。どれほど人の欠点が見えてそれを批判しても、自分自身の向上につながらないからです。

他人のページの良いところを探そうと意識すれば、良い販売ページや良い広告を見抜けるようになっていきます。そういう経験が積み重なると、自然と良質なページが作れるようになります。自分のためにも他人のためにも、人の良いところはどんどんほめるように心がけましょう。

個人事業主の開業届を出そう

ネット販売で20万円以上の利益を出すと、2月〜3月中旬頃の期間に**確定申告をする必要があります**（所得が38万円以下、及び副収入20万円未満の場合は不要です）。利益とは、売上から経費を引いて最終的に残った金額です。「こっそりやって黙っていればバレないだろう」と思っていると、国税局に見つかって注意されたり脱税にもつながったりするので、収入があって確定申告の要件に該当する場合は必ず申告しましょう。要件を確認したい場合や、実際に自分で申告する場合は、国税庁のホームページから確認することができます。

また、必須ではありませんが、経費として認められる幅を広げたり確定申告をやりやすくしたりするために、**あらかじめ「個人事業主の開業・廃業届書」を税務署に出すことがおすすめです**。書類は開業から1か月以内に出すことになっています。ネット販売で売れ始めてから1か月以内に書類を出せば良いでしょう。書類は税務署でも受け取ることができますし、国税庁のホームページからダウンロードすることもできます。氏名や事業所在地などを紙1枚に書くだけですので、簡単にできます。

ほかには、**銀行口座を一つ開設することもおすすめ**します。売上入金、水光熱費の引き落とし、給与などすべてのお金の出入りを1通の通帳で管理します。月毎に支払い欄と入金欄を合計すれば、残金（利益）がひと目でわかります。

税金の申告、節税のための実際の知識などは、簿記についての知識がないとなかなかハードルが高いのです。総勘定元帳・現金出納帳・売掛帳など複数の帳簿が必要となると、一人ではお手上げです。

ビジネスには「自分が苦手なことは、得意な人に任せる」という必殺技があります。今ではパソコンで簡単に入力できるようなソフトも出ていますが、確定申告や開業届書の提出などの業務は税理士に任せることをおすすめします。

税理士には会計事務所を訪ねれば相談できますし、最近ではネットでも相談できます。あなたの代わりに申告してもらうと、年間3万円程度は必要になりますが、ビジネスに専念できるメリットは大きいものです。素人からしたら漢字や数字が多い帳面をつけるのは、大変な労力と手間がかかります。ネット販売で利益を出すことに集中した方が、結果として時間もお金も節約できることが多いのです。

これだけは要注意

会社によっては副業がＮＧという場合もあります。会社に黙っていると、発覚したときに最悪の場合は解雇になってしまうこともありますので、家庭の事情を事前に話すなどして許可を得ることをおすすめします。「副業はＯＫだけど、誰もやっていないから周りの目が気になる」という方もいると思いますが、匿名でネット上の副業をする方も多くいます。ただし、本名か匿名かにかかわらず、書類の申告だけは忘れないようにしましょう。

また、ネット上で何かを転売するためには、古物商の許可を得る必要があります。こちらも古物商の許可の申告が得意な行政書士に頼めば安心です。

国内サービスのみを使って転売する場合は、士業事務所を調べて行政書士と話をすると良いでしょう。なお、海外のオークションサイトから仕入れて国内サイトで転売する方法では、基本的に古物商が不要なことが多いです。自分のビジネスパターンを見極めて、許可が必要なものや提出する書類を確かめましょう（図２－３）。

図2－3　ネットショップに必要な資格や届け出、許可、手続き一覧

国内の商品を扱う場合

食品

「食品衛生責任者の免許」「食品衛生法に基づく営業許可」の取得は必須条件。

たとえばこんなもの

- 手作りのキムチや漬物
- 手作り菓子・ケーキ
- 手作りジュースやジャム
- 魚介類（生・干物・燻製）
- 乳製品（牛乳やチーズ）

＞保健所へ

こんなものは不要

- 実家で生産した農作物
- 缶詰やスナック菓子
- お茶やコーヒー

酒類

アルコール度1度以上の酒類を販売する場合は、一般酒類小売業の免許が必要。

たとえばこんなもの

- アルコール度1度以上のすべての酒類
- 中身の入ったワインボトルをエッチングなど加工して販売
- みりん

税務署へ

こんなものは不要

- ブランデーケーキ
- ラムレーズンアイス
- 酒まんじゅう
- ウイスキーボンボン
- 奈良漬

中古品

販売を目的として中古品を仕入れたり、委託販売する場合は、古物商許可証が必要。

たとえばこんなもの

- 中古の本やCD、DVD
- 中古家具
- リサイクル衣料品
- アンティーク物の時計
- アンティーク物の宝石
- チケットや金券

＞警察署へ

ペット、その他

犬を10匹以上飼育して販売する場合は動物取扱業の許可も必要

たとえばこんなもの

- イヌやネコ、小鳥などの小動物
- イグアナなどの爬虫類
- 花火や爆竹
- キャンプ用のホワイトガソリン
- カセット式ガスコンロ
- コンタクトレンズなどの医療器具

保健所へ

＞各都道府県の薬務課へ

こんなものは不要

- 熱帯魚などの魚類
- カブトムシなどの昆虫
- ペットのえさ

輸入商材を扱う場合

食品

国内では自由に販売できる野菜や缶詰も食品衛生法の規制を受ける。

たとえばこんなもの

- 農産物
- 缶詰など加工品
- お茶やコーヒー

> 厚生労働省検疫所

動植物

有害な害虫、種子、かびなどの進入を防ぐため、動植物は検疫手続きが必要。

たとえばこんなもの

- 種子類
- イヌやネコ、小鳥などの小動物
- 生花
- イグアナなどの爬虫類
- ドライフラワー
- 熱帯魚などの魚類
- カブトムシなどの昆虫

> 厚生労働省検疫所
> 植物検疫、動物検疫

食器

人の口に接触する機会の多い商品は、食品衛生法の対象となる

たとえばこんなもの

- お皿や茶碗、カップ、グラス
- スプーン、フォーク、ストロー

> 厚生労働省検疫所

こんなものは不要

- 灰皿

ベビー用品、その他

赤ちゃんの口に入りやすい商品を扱う場合も食品衛生法の対象となる。

たとえばこんなもの

- 幼児用玩具
- 哺乳瓶など乳幼児用品

> 厚生労働省検疫所

（出典）「ネットでお仕事.com」
（http://www.netdeoshigoto.com/lecture/chapter1_1_01.html）

・ネットビジネスの心得②

パソコンをする姿勢がビジネスの成否を分ける!?

パソコンをしていて、「気付いたら猫背になっていた」という経験はありませんか。パソコンに集中すればするほど、画面に顔が近づいてしまい、背中が丸くなってしまうものです。集中するのは良いことですが、首には脳へ血液を運ぶ「**椎骨動脈**《ついこつ》」という血管があります。猫背になって首が曲がると、この血管が締めつけられ、脳への血流量が減ってしまいます。結果、頭の働きが鈍くなって、効率が落ちてしまいます。

猫背は呼吸にも影響を及ぼします。試しに猫背になって、思い切り息を吸ってみてください。胸が膨らまないため、息がうまく吸えないはずです。そのため呼吸が浅くなり、これも酸素が脳に十分に運ばれない原因になります。

では次に、背筋を真っ直ぐにして、胸を張って息を吸ってください。

いかがでしょうか？　さっきとは違って、驚くほど楽に呼吸ができるはずです。

このように、姿勢を良くしてパソコンをすれば、脳への酸素供給量も増えます。

そういう状態でページを作れば、頭がスッキリして、良いページが作れるでしょう。ぜひ、良い姿勢を意識しながらページを作りましょう。

第3章

副業からスタートできる商材の探し方

今すぐ売って利益を出す方法

今すぐ利益を出してお金を手に入れたいと思う方は多いはずです。短期間で結果が出ると、やる気も出てきます。しかし、**ビジネスではお金がほしいと思えば思うほど、お金に困るという傾向があります。**

日雇い労働者が毎日お金に困ってしまう状態と同じです。その日の生活を考えると日給制は良いのですが、次の日はまた生活に困ってしまいます。毎月給料がもらえる月給制なら、1か月間はお金に困らずに済みます。年単位で考えたビジネスならば、年単位でお金に余裕をもつことができます。このように、お金の面では長期的に考えた方が、結果的に豊かになるのです。

投資の神様と言われるウォーレン・バフェット氏も、長期的に考えて投資をしていることは有名です。彼は短期的には考えずに投資をし、9兆円以上の資産を築きました。バフェット氏に限らず、お金の分野で成功している人ほど、長期的に考えています。

ですから、理想としては数か月以上の時間をかけて、自分のビジネスをもつことです。それだけの時間をかければ、お金を増やし続ける状態を作ることが十分できます。ネット販売はそのような状態を作ることに向いているので、最終的にはそこを目指したいものです。

そうは言っても、現時点でお金がなくて困っている方もいるでしょう。そんな人には、短期間で利益を出す方法をお伝えします。この方法は、実際に利益を出すことができますが、あくまでネット販売の経験値を積むためのものとしてとらえてください。すぐにできることを繰り返しても、年単位で考えると大きな利益になるとは限らないからです。将来的に効率良く利益を出すための練習と思って始めてみてください。

ネットオークションを体験する

今すぐ利益を出すには「家にある不用品をヤフーオークションやメルカリに出品する」

という方法があります。ヤフオクやメルカリで不用品を売ると、お金も入ってくる上に、ネット販売の経験にとても役立ちます。商品についての文章や写真の用意、購入者とのやりとりや発送といった流れまで、一連のことが手軽に経験できます。そして、世の中の人がどのようなものに反応するかということを知る経験も積むことができます。

ヤフオクでもメルカリでもかまいませんが、**両方同時に同じ商品を出すことはＮＧ**ですので注意しましょう。

不用品を出品するにあたって、**「これは売れないだろう」と決めつけるのは禁物**です。とても意外なものが売れることがあります。例えば、写真のようにオモチャの水鉄砲が売れた例もあります（図３－１）。自分には不要なものでも、お金を出してでも手に入れたいと思っている人がいることがあります。こんな経験ができるのも、ヤフオクやメルカリをやってみるメリットです。

まずは、気軽な気持ちで始めてみてください。**うまく利益を出すことができたら、今後の資金として使うことができます**。こうしてゼロからお金を増やす経験は、これからの時代を生きる最高のスキルになるでしょう。

図３－１　こんなものがこんな価格で売れる !?
（水鉄砲が売れた事例）

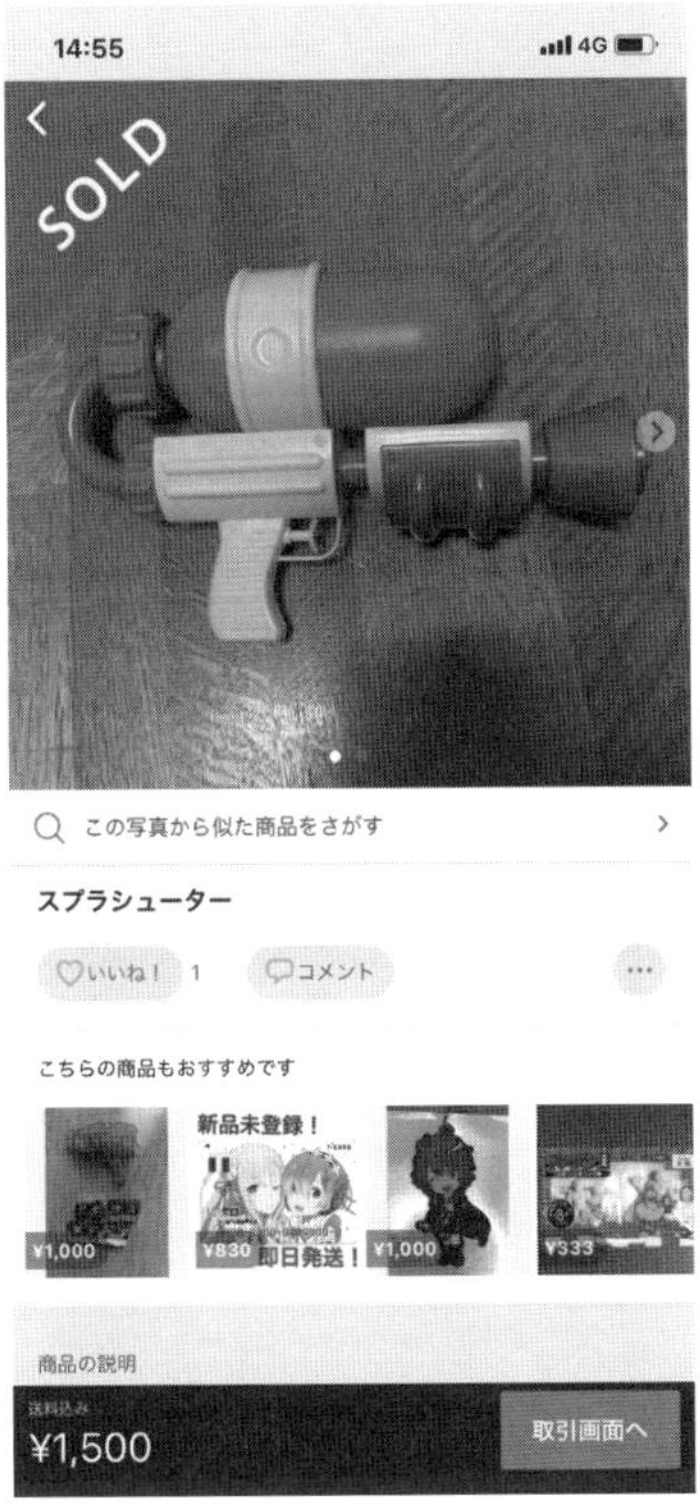

（出典）メルカリ

最高の商材は、あなたの好きな分野にある

とにかくお金持ちになりたい、儲かれば何でも良いと思う人もいると思います。お金さえあれば今より幸せだと思う人もいるかもしれません。

ところが、世の中には幸せな億万長者もいれば、不幸な億万長者もいます。お金があるのにあまり幸せを感じられなかったり、悩み事が多かったりする場合だってあるのです。その背景には、人間関係や健康など多くの要因がありますが、ビジネスではひとつ大きな理由があります。

それは、好きな分野でビジネスをしていないということです。**お金が儲かるからという理由だけで、興味がなかったり嫌いだったりする分野で商材を見つけて販売すると、思ったような幸福感が得られません。**

ですから、これから本書を読み進めるにあたって、あなたの好きな分野で商材を見つけるように意識してみてください。例えば、あなたがファッションを好きなら、まずはファ

ッション関係から商材を探してみましょう。好きなものではじめることで、時代の流行に人一倍詳しくなったり、相場を把握できたりします。

何より、売る前から楽しく商材を探せます。**楽しみながら商材を用意したことは、お客様にも伝わります**。販売ページに載せたとき、その気持ちがセールスの文章にも表れるので、「この販売者は、商品が好きで売っているんだな」「こだわりのある人から買いたいな」と好意的にとらえてくれます。それがスムーズな購入につながるのです。

お客様も楽しく見つけて購入したら、満足してリピートするという好循環が生まれます。

好きなもので始めるというのは、それくらい大きく、成功への近道なのです。

「自分は好きだけれど売れないだろう」と思っていても、意外なところにビジネスの種はあるものです。

自分が好きなことをなるべく多く書き出してみましょう。これまでの人生で、好きだったことや、やっていて楽しかったことは、すべて紙に書き出してみましょう。どんな小さなことでもかまいません。年齢ごとに思い出していくと、何十個も書けるものです（図3－2）。

書き出したものの中でも、次のようなものはそのままビジネスにできます。

・人からよく相談されたこと
・お金をかけてきたもの
・時間をかけてきたもの

最も当てはまると思うものに、それぞれ○を付けてみましょう。それこそが、あなたが現時点で世の中に売ることのできる価値です。どんな人でも、その中から試していけば、ビジネスとして成り立つものが見つかるはずです。

図３－２　好きだったこと、楽しかったこと年表

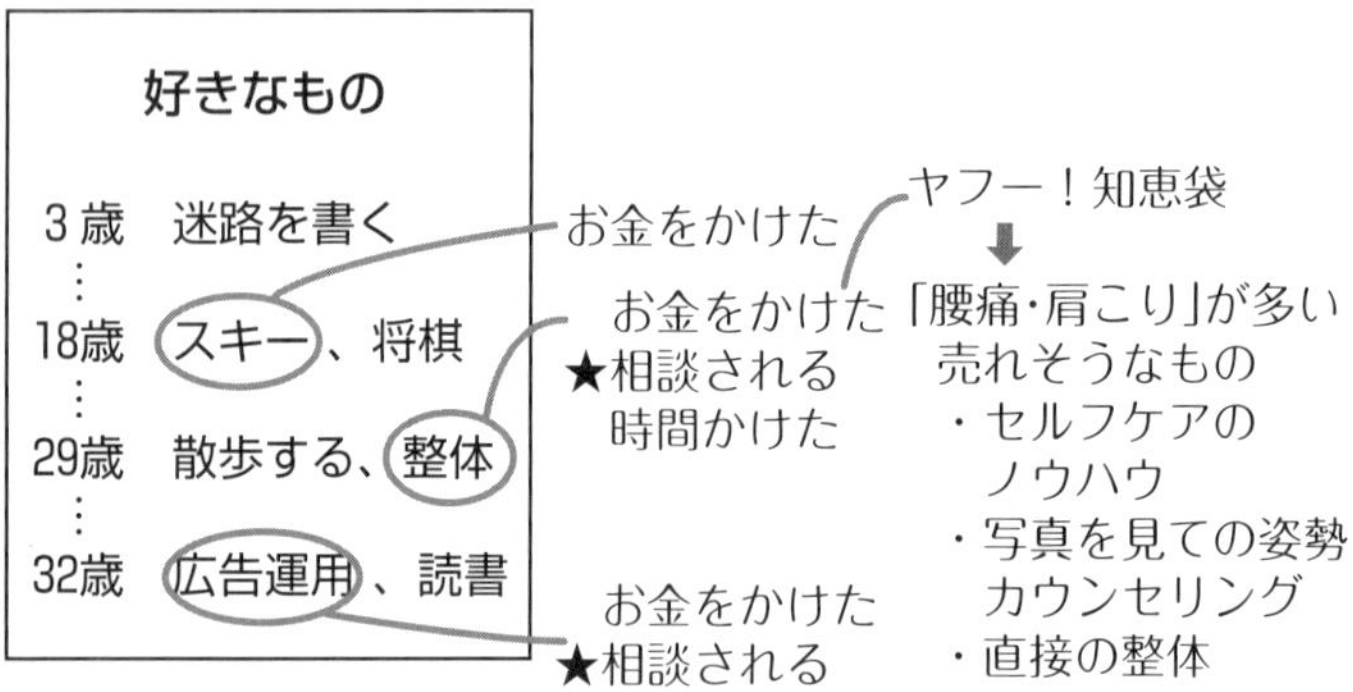

（著者作成）

かたちのないものでも売れる

人からよく相談されたことは、世の中の多くの人もあなたを求めるようになる可能性があります。相談を受けてお金をもらうということに、最初は抵抗があるかもしれません。しかし、あなたが設定した金額でも払いたいという人が出てきたなら、相手はそれだけの価値を感じているのです。相談をマニュアル化したり、ページ作成や集客をしたりするのにも時間を使うはずですから、そのお金は受け取って良いのです。

お金を払った人は真剣なので、無料でアドバイスをもらった人よりも、頑張って結果を出すことが期待できます。人は価値を求めてコミットしたいと思っているので、相談でもお金を取ってあげる方が親切なくらいです。よく相談されることは、あなたなりの解決方法を用意して、世の中に伝えてみましょう。

お金をかけてきたものも、売れる商材になります。例えば、英語のレッスン受講にお金をかけてきたのであれば、これまでに学んだ内容を自分なりにまとめると、レッスンが売れる商材になります。

20万円かけて学んだものを1万円で伝えることができたら、それを受け取った人はとても得をします。ですから、お金や時間をかけてきたものは、広めるだけの価値があるのです。現在は、ネットでのオンラインレッスンが多く売られています。

販売するとなると、「自信がありません」という方や「私よりお金をかけた人が売った方がいいんじゃないか」と思われる方がいらっしゃいます。しかし、プロを相手にするわけではないのですから心配いりません。人は自分より圧倒的にできる人よりも、少しできる人から学びたいと思うものです。例えばビジネスについての講座なら、年収1億円になる方法をみんなが求めているとは限りません。それよりも、月10万円収入を増やす方法の方が、多くの人が興味を抱くものです。ぜひ気軽に伝えてみてください。

あなたが時間をかけたものもお金に変換できる可能性があります。

例えば、ヨガを続けてきたのであれば、ヨガ教室のページを作ってレッスンやオンラインレッスンをすることができます。これもベテランの方を相手にするわけではなく、初心者向けでいいのです。ヨガの効果は多くあることから、世の中の悩みを調査して、痩せたい人向けなのか、メンタルコントロールをしたい人向けなのか、体の柔軟性を高めたい人向けなのかといったことを明確にしていけば、立派なレッスンになります。

そして、時間をかけてきたことはこれまでどおり継続しながら、ブログやＳＮＳで情報発信をすると、それだけで集客ができることもあります。その日にあった気付きをアウトプットするだけでいいのです。時間をかけて継続していることは、日常の一部になっているため、ページ作りや情報発信も苦痛ではなく、楽しく販売し続けることができます。

あなた自身のためにもお客様のためにも、まずは好きな分野の中から商材を探してみましょう。そうしてお客様から「ありがとう」と言われた上で受け取るお金は、あなたを確実に豊かなお金持ちへと導いてくれるはずです。

人気の検索ワードを調べる方法

商品やサービスを売る際は、人気のある分野で挑戦することが重要です。どんなに質が高く、悩みを解消する商品でも、そもそも買ってくれる人が少ない分野では、売上は期待できません。意外に思われるかもしれませんが、**ライバルが多くいる分野の方がチャンスも多くあります**。そもそもライバルがいない分野では、ビジネスとして成り立たない可能性が高いです。

そこで大事なのが、自分がビジネスをする分野がどれくらい検索されているかを知ることです。検索数が少ない分野は、いくらがんばってもビジネスとして成立しない可能性があるので、検索数を事前に確認しておくことが大切です。

検索数を調べるには、「キーワードプランナー」が有効です。この方法で、自分の分野が月にどのくらい検索されているか知ることができます（図3-3）。

キーワードプランナーは、グーグルアカウント一つあれば誰でも使うことができます。

やり方としては、「グーグル広告」と検索して、グーグルアカウントでログインしてみましょう。グーグルアカウントを持っていない場合は、作成してログインしてください。その準備だけでグーグル広告を始められます。

あとは、キャンペーンの作成から仮の広告を作ってみましょう。実際に広告運用はしないので、広告は仮で大丈夫です。作成したら、広告を「エキスパートモード」に切り換えます。初期設定のスマートモードでは、キーワードプランナーは使用できません。

その中の「ツールと設定」に、キーワードプラ

図3－3　キーワードプランナーの見本画面

（出典）Google

ンナーがあります。

流れは次のようになります。

①グーグルアカウントを作る
②グーグル広告にログインする
③仮の広告を作成する（広告先のＵＲＬは、自分のＳＮＳのものなどを用意）
④エキスパートモードに切り換える
⑤キーワードプランナーを使う

また、１００円程度の少額でもかまわないので、グーグルに広告費を払うと、精度の高い結果を教えてくれるようになります。広告の結果は気にする必要はありませんから、半日でも運用してみることをおすすめします。運用したら広告を一時停止することを忘れないようにしましょう。

キーワードプランナーの画面上で、調べたいキーワードを入力すれば、月にどれくらいの検索数があるのかが調べられます。例えば、ピアノ教室を開く場合は「ピアノ教室」と入力して検索をかけます。それだけで、月間2万7100の検索数があることがわかります（図3－4）。

ビジネスとして行うためには、少なくとも月5000～1万程度の検索数がある分野をおすすめします。それ以下だと、ビジネスとして成立しにくいでしょう。手間はかかりますが、お金をかけずにすむので、自分がやってみたいビジネス分野の検索数を調べてみましょう。

ここからは少し高度な話ですが、グーグルで

図3－4　キーワードプランナーでわかる検索数

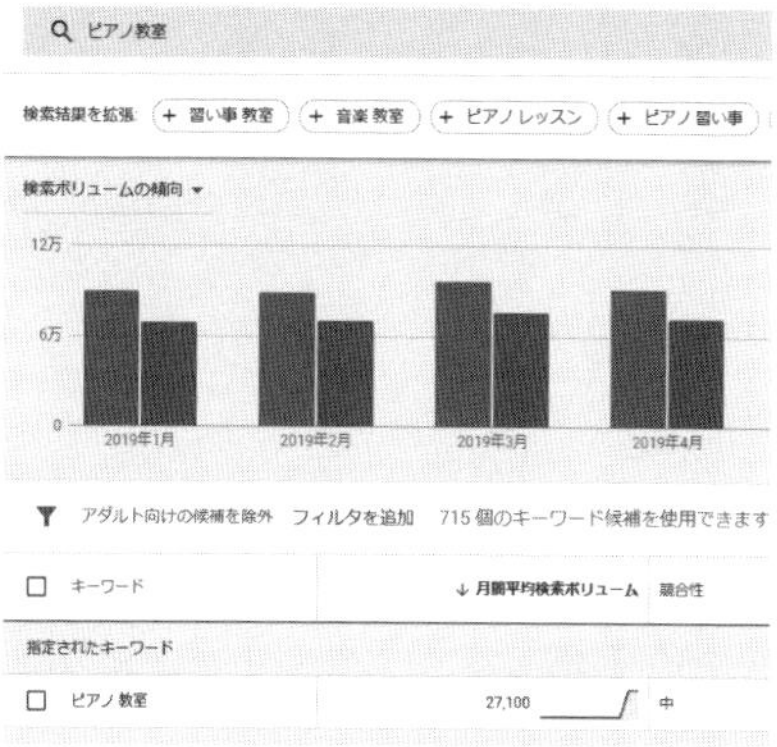

（出典）Google

広告を出したときに検索1ページ目の上部に表示してもらうためには、どの程度の金額が必要かを知ることもできます。「ページ上部に掲載された広告の入札単価」がこれに当たります。**検索数は多く、入札単価は低い方が、ビジネスとしては絶好の分野**となります（図3－5）。これは、検索数は多くてビジネスとして成り立つのに、ライバルが少ないことを意味します。つまり、少ない広告費で多くの人を呼び込めるということです。少しむずかしくはなりますが、検索数の多い分野かどうかはチェックするようにしましょう。

図3－5　ネットビジネスの理想の分野

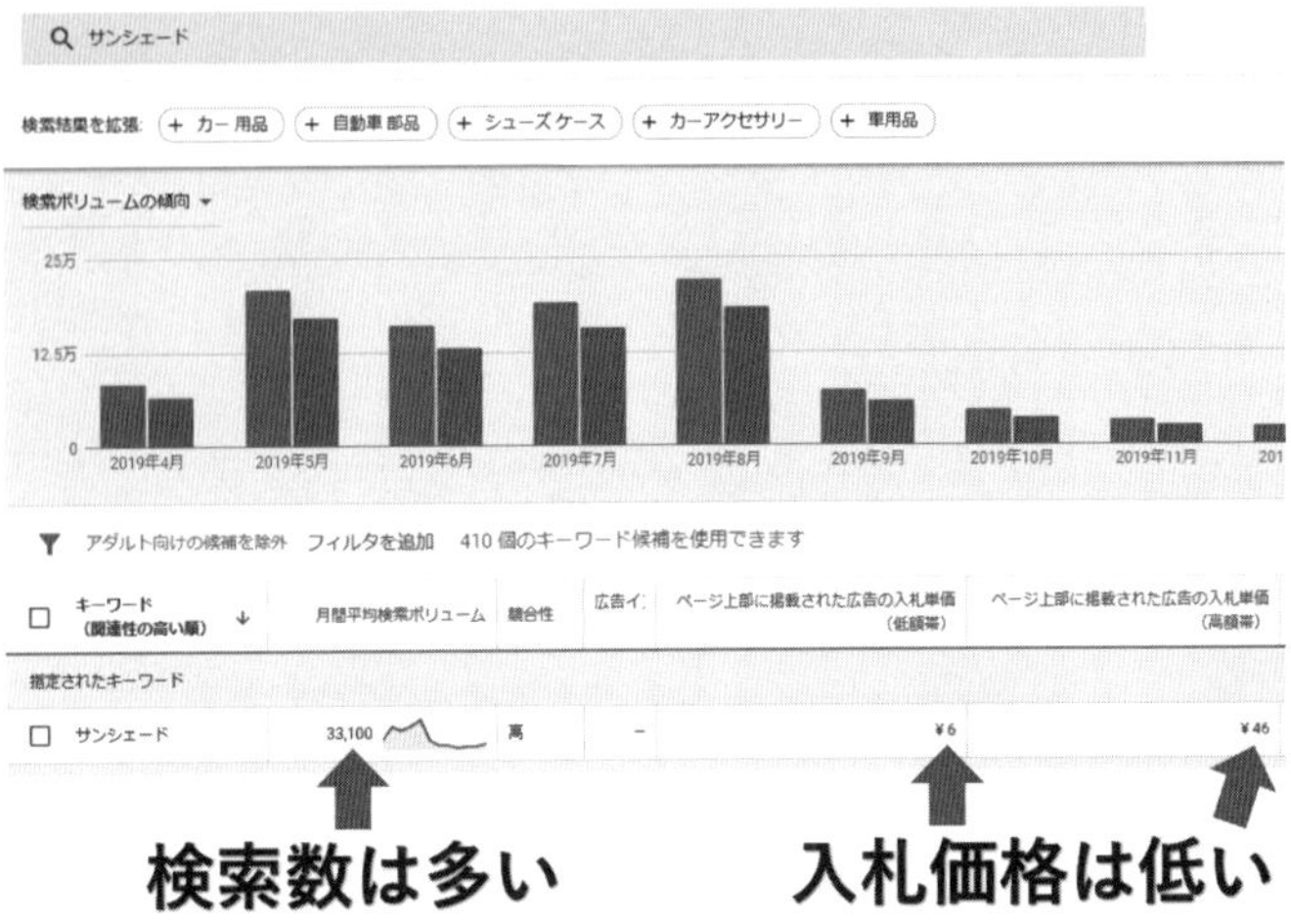

（出典）Google

長期的に広告が出ている商品は売れる可能性大

広告を出している人がいるかどうかで、これから始めようとしていることがビジネスとして成り立つか調べることもできます。広告が多く出ていれば十分ビジネスとして成立すると考えられ、少なければその反対です。ビジネスは気持ちや勢いだけではうまくいかないこともあるので、はじめに確認しておきましょう。

広告といっても、たくさんの種類があります。調べる方法としておすすめするのは検索で出てくる「リスティング広告」というものです。前述のグーグル広告もリスティング広告のひとつです。

リスティング広告とは、ネットで検索したときにページ上部や下部に表示される広告のことです（図3－6）。URLの前に緑色で小さく「広告」と表示されています（図の矢印部分）。余談ですが、これは1クリックされるごとに広告主がお金を払うことになります。1クリックの相場はさまざまですが、通常は1クリックあたり数十～数百円です。

リスティング広告が長期間にわたって出ている商品は、ズバリ売れている商品である可能性が高いです。商品が売れていて、広告を出しても利益が出ているからずっと掲載していると考えられます。ですから、あなたがビジネスとしてやりたいのであれば、まずは関連のキーワードで検索をかけて、広告が多く出ているかを確認してみましょう。

例えば、腰痛専門の整体業をやりたいのであれば、「腰痛　整体」で検索をするということになります。そこで、腰痛専門の整体院の広告が数多く出て

図3－6　リスティング広告の見本

（出典）Google

くれば、ビジネスとして成り立つ可能性が高いといえます。
そして、余力があれば定期的に以前と同じ広告が出ているかをチェックしましょう。もし長期的に広告が出ているようであれば、チャンスが十分あるということになります。

このように、これから始めたいビジネスがあったり、この商品は売れるのかと迷ったりした場合は、検索をしてみてください。そして、1か月先や2か月先といった具合に、長期的に見ても同じ広告が出てくるかを確認してみましょう。

ビジネスを始めたとき、ライバルが多かったり同じような広告を出すことになったりするのかと不安に思われるかもしれませんが、ライバルがいないことが一番不安です。同業者でも、切り口やお客様のターゲットを変えれば、競合せずに同じ市場を盛り上げる仲間として共存することもできます。まずは、検索をして広告をチェックしてみてください。

実はこんなところに商材が落ちている

実際にどんなものが販売の対象になるのでしょうか。ビジネスはアイディアひとつで成り立つところがあり、どんな方にも売れるものはあるものです。以下を参考に、あなたの好きな分野を選んでください。

①不用品を売る

誰でもできる最もハードルが低い方法です。スマホや本、漫画全巻セットなどは非常に売りやすいです。また、意外なものが売れることもあるので、先入観はもたずに気軽に出品してみましょう。

よく売れるものを見つけられたら利益を拡大するチャンスです。安い仕入れ先もあって確実に売れそうとわかるのであれば、第1章でもご紹介した古物商の申請をしましょう。再度出品するとビジネスとして成り立つ可能性があります。

また、同じ出品物でも写真の撮り方によって、売れる金額が大きく変わります。写真は明るいところで、全方向からの写真を載せましょう。金額は高く設定した方が売れる場合もあるので、いろいろな価格をつけて試してみましょう。

②買い付けたものを売る（転売）

いわゆる転売は、人に誇れるスキルや経験が何もないという方でも、商品を売れる方法です。誰かが作った商品を安く購入して高く売る手法です。そのようなことをして良いのかと思われるかもしれませんが、十分**ビジネスとして成立する**のです。なぜなら、**ほしい商品があって困っているのに見つけられない方がいるから**です。そういう人に商品を提示して渡してあげるところにお金を受け取る価値があります。

新型コロナウイルスの流行時にマスクの転売が問題視され、国により規制の対象となりましたが、これは困っている人に届かなかったからです。困っている人に届ける（適正な価格での）転売は良いことなので、ビジネスとして成り立ちます。

国内で仕入れて転売する場合は、古物商の申請をする必要があるので注意しましょう。海外のオークションサイトから仕入れる場合は、基本的には古物商は不要です。

海外のオークションサイトはその国の言語で取り引きをするため、決して多くの日本人が参入しているわけではありません。そのため、転売初心者は、海外のオークションサイトから仕入れて国内サイトのヤフオクやメルカリで売る方法も有益です。例えばアメリカのサイトなら、英語が苦手な人も翻訳機能を使えば案外何とかなるものですので、やってみる価値はあります。面倒な外国語のやりとりをする分、利益が出る商材を見つけるチャンスがあります。

また海外のオークションサイトで有名なeBayでは、「Save this search」という機能を使えば、自分が希望した価格以下で誰かが出品したことを知らせてもらうことができます。もし売転売に向いていると思った商品を見つけたときは、この機能を使ってみましょう。もし売れなかった場合は自分が使うつもりで、自分自身がほしいと思うものや好きなものを仕入れることがポイントです。

③弱みを売る

ネットでは、あなたの弱点ですら販売の対象になります。弱点や苦手なことをどのように克服したか、といったことや、解決策を売ることができるのです。**何より、売るときに悩んでいる人の気持ちがわかるため、共感を集めやすい**のです。

例えば、「太っていた私が痩せた方法」「音痴だった私がカラオケでうまく歌えるようになった方法」「お酒が飲めない人が上司からの誘いをうまく断る方法」など、弱点をもっている人のアドバイスは、強みしかないプロが教える以上に説得力があるものです。

あなたに弱点を克服したものや解決策があれば、これも紙に書き出してみるといいでしょう。それを悩んでいる人に伝えるだけでビジネスとして成り立ちます。

実際に販売している例として、福岡裕記さんという方がいます。彼は、中学生のときに大好きだった祖母を亡くしました。両親が共働きということもあり、大変なおばあちゃん子だった彼は、祖母との思い出が何一つ形として残っていないことを、深く後悔しました。

それを機に大事な家族の人生を一冊の本にするというサービスを作りました。現在は、家族の思い出を本にして還暦のプレゼントで渡すサービスをネットで販売しています。

「後悔」という一見弱みと思えるマイナスの感情から、世の中にとって素晴らしいプラスのものを生み出したのです。

辛い気持ちや弱みをビジネスに換える方法もあるのです。

④経験・技術を売る

すでに事業をしている人や、人にはない経験や技術をもっている人は、そのままネットのページを作って売ることができます。例えば、動画や画像編集の技術のように、人よりも少しでも得意なものがあるなら、十分売ることができます。

意外と見落としやすいのですが、本職でのスキルもそのまま売れます。「副業」と考えると、本業と違うことをしなければならないイメージをもつ人が多いですが、普段の仕事であなたが磨いているスキルがあれば、そのままネットで売ることができます。

例えば、営業の仕事でよく人の話を聞くのであれば、オンラインで相談業を始めることができます。スポーツジムでトレーナーをしているのなら、オンラインで指導をすることで、そのまま副業にできます。本業に関係することはあなたが慣れていることなので、心身の負担も少なく収入を増やすことができます。

経験や技術を掛け合わせると、新しい商品やサービスを作ることができます。例えば、Ageha Design Studio代表の鈴木俊次さんは、デザイナーの経験と縫製の技術がありました。そこで、デザインと服を掛け合わせて、シワができにくくオシャレで動きやすいスーツを開発し、「リファーラル・スーツ」と名付けて発売。素材の知識もあったので、洗濯機で丸洗いできる生地を使用しました。

このように、すでに世の中にあるものでも、組み合わせ次第で画期的なものを作ることができるのです。自分だけの経験や技術があれば、そのまま商材にして売ることができます。うまく世の中のニーズにフィットすれば、大きな売上を出すことも可能です。

⑤ノウハウを売る

自分の得意なやり方や人から相談されることは、ノウハウにして売れます。ノウハウを資料にして販売するコンテンツにしてもいいですし、オンラインで相談を受けることもできます。直接伝えるかたちでセミナーを開催してもいいでしょう。セミナーを開催する場合は、ネットで申込みページを作って募集します。

ノウハウはいきなり数万円の値をつけて売るのではなく、まずはお客様の信頼を得ると

ころからスタートしましょう。あなたがノウハウを売るのなら、無料や格安のものと、これなら高い金額でも自信をもって売れるという金額のものを用意しましょう。そして最初は無料や格安のものを試してもらい、少しずつ信頼を得るのです。**最近は無料のオファーの質も上がっているので、無料とはいえ有料級のものをプレゼントするようにしましょう。**

お金をもらうことに慣れていないと、高額なオファーはしづらいと思います。最初は5万円で学んだ内容を3万円で販売するなどして、これならお客様に得してもらえるという金額で自信をつけていきましょう。

ノウハウを売る場合は、全額返金保証を付けて販売するのがおすすめです。これにより、お客様の満足度が損なわれることはありませんし、自分の身を守ることもできます。一般的に、自分が所有したものは価値を高く感じる「保有効果」というものがあるように、全額返金保証を付けても返金を求められるのは1％程度です。よほど内容がひどくない限り返金を求められることは少ないので、付けておいた方が無難です。

ノウハウを売る場合は、一般的な物販と違って在庫を持たないことが強みです。もし売れなかったとしても、赤字になることはないので、気軽な気持ちで始めてみてください。

⑥ハンドメイド品を売る

主婦に人気のハンドメイド販売です。アクセサリー・財布・バッグなど日常にあるものの多くを販売することができます。安い制作費でも、オシャレだったりきれいでかわいらしかったりするものであれば、価値を付けて売ることができます。

最初は次のような無料サービスを使って出店するのがおすすめです。

「minne」（ミンネ）
「Creema」（クリーマ）

これらのサービスは無料で始められて、売れたときに手数料を支払うシステムになっています。同様のサービスはほかにもあるので、検索してみるといいでしょう。無料サービスは、いきなり自分専用の販売ページを作るよりは売れやすいですが、ライバルが多いのも事実です。その中で売れ続けるためには、商品そのものだけではなく写真も大事です。

暗く写らないように自然光や照明を使ったり、拡大して撮影したり、あらゆる角度から撮影したりしましょう。

また、販売しながら個人のファンやリピーターを作ることも重要です。丁寧に梱包したり、ひと言でもメッセージを添えたりすることで、ファン作りをすることができます。商品の制作から発送まで、気持ちを込めて行いましょう。

ハンドメイド品はすぐに大きな利益が出ないこともあるので、純粋に作ることが好きであるというのが大事です。楽しみながら作って、それを買ってくれる人がいて、喜んでもらえるというのは、大きなモチベーションになることでしょう。

利益を出すポイントとしては、ファンを増やしながら1万円以上の価格を設定した商品を用意することです。1点500円の商品では、月10万円の売上を出すのに200個も売らなければなりません。梱包や発送も考えると、大変な手間がかかります。しかし、1万円の商品であればわずか10個売れたら10万円の売上になります。自身のファンを作りながら1万円以上の商品をもつようにしましょう。

⑦自社制作物を売る

事業主は、自社で制作したものや、独自開発したものをネットで販売することができます。この手法は費用対効果が大きいため、資金力のある企業でも無料サービスを使って販売している例が数多くあります。

商品を制作する前にページのみを作ってお客様の反応を見たり、制作後に無料でページを作って広告を含めてテストをしたりすることで、低予算で大きな結果を残すことができます。

商品が口コミで認知される場合でも、一度はネットで商品を検索されるという流れが一般的になっています。

自社で売り出したい商品がある場合は、質の高い販売ページをもっておくことをおすすめします。

⑧サービスを売る

不用品や転売は形があるものですが、「サービス」という形のないものを売ることもできます。

あなただけのサービスを作ることもできますし、代行業などのサービスを販売することもできます。例としては、テープ起こし、エクセルのデータ入力、ポスティング、ハウスクリーニングといったものです。中には、ジグソーパズルの制作代行といったものまで幅広くあるので、アイディア一つで新しい収入を得ることができます。

テープ起こしやエクセルのデータ入力は、オンラインのやりとりだけでも成り立ちます。肉体労働ではないので副業に向いています。最近は5Gの時代ということもあり、動画編集の人気が高まっています。高度な編集技術がなくても、「YouTube動画にテロップを入れます」というサービスも立派なビジネスになります。

サービスは「時間がない」「自分ではできないことをしてほしい」という悩みを解消するものです。かゆいところに手が届く内容でサービスを提供できたら、喜ばれますし口コミやリピートにもつながるでしょう。

あなただけのファンを作って中長期的に売ろう

転売のように誰でも仕入れられるものを売るのは、特別なスキルも不要ですし、商品開発の手間もかかりません。しかし、時間の経過や流行の変化とともに売れなくなるリスクがあります。そんなとき、あなただけのファンがいれば、流行の変化などに左右されることなく、あなたが販売した商材を続けて購入してくれます。商材を売りながらファンを開拓するように心がけましょう。

ネット販売で、ファンを作る方法は3つです。

①あなただけの商品やサービスを売る

世界中であなた以外にやっていない商品やサービスを販売することは、ファンの獲得につながります。むずかしく考えることはありません。あなたの売りたいものにプラスアルファの要素を加えるだけで、オリジナルのもの・サービスになるのです。

例えば、英会話のレッスンであれば「きれいな発音が身に付く＋英会話レッスン」にしたり、プレゼン講座だったら「人見知り専用＋プレゼン講座」にしたりという具合です。こうしたプラスアルファがオリジナリティに富んだものであればあるほど、根強いファンを獲得するきっかけになるのです。あなたもぜひ、ちょっとしたプラスアルファを考えてみてください。

②予想を超えた感動を与える

商品やサービスを購入したときに、想像以上に対応が良かったり、思っていたより内容が良かったりしたら、「次もここで買おう」と思ってもらえます。それがファンになるということです。

ネット販売の場合は、発送の際におまけのプレゼントや手紙を入れたり、問い合わせの返信は1日以内を心がけたりと、ほんのひと手間が決め手になります。何から何まで想像を超えようとするのは大変なので、まずは一つだけでも感動されるポイントを押さえましょう。

③情報発信をする

心理学に「ザイオンス効果（単純接触効果）」という言葉があります。人は接触回数が多いほど、相手の人を好きになっていくというものです。ネット販売も同じで、情報発信をするだけでもファンが増えていきます。販売する商品やサービスが誕生したら、それに関する情報をＳＮＳで発信するだけでいいのです。発信した回数分だけファンを作ることができるので、気軽に試してみてください。

試行錯誤を繰り返すほど売れる商材になる

商材を売るにあたっては、完璧な準備をするよりも、**まずはスタートしてみることが大切です。完璧な準備をしていたら、いくら時間があっても足りません。**そしてスタートして以降、売上を増やすためには、商材やページの改善が重要になってきます。

いくら広告にお金をかけても、商材やページが良くなければ売上は増えません。反対に、商材が良ければ広告がなくてもリピート購入をされますし、口コミでも広がっていきます。また、ページが良ければ商材の魅力がお客様にしっかり伝わるので、購入率のアップにつながります。

商材そのものやページの質を良いものにするためには、**まず始めてみて、試行錯誤を繰り返す**ことです。ビジネスで成功している人は、試行錯誤の数が違います。テストとして3つの商材を用意したり、ページもそれぞれ複数ページ作ったりして、どれが最も反応が良いかを試しています。第1章で20回試す確率の話をしたように、試した数だけ売れる可能性が高くなります。

例えば、あなたがオリジナルTシャツを販売するとしましょう。生地の素材や、印刷する機械をどれにするか迷ったら、できる限り多くの生地やプリントのサンプルを手に入れて、自分の目で確認しましょう。ここで迷い、止まってしまうのが一番恐ろしいことです。これはいいと思うものを、まずは試してください。いきなり多くのパターンを試すことはできませんが、大事なのは手を止めないことです。いろいろなことを繰り返すことで、どんどん良い商材が生まれてきます。

手間がかかるように思えますが、**この労力こそが商材を売る際の自信につながるのです。その自信はネット販売のページにも自然と表れ、人を惹きつけることができるでしょう。**

迷ったときに試すのが面倒だというのは、こちらの都合です。お客様からすれば、面倒だからこの種類にしました、と言われると買う気が失せてしまうのです。反対に「考えられるすべてのパターンを試して、この種類に決定しました」と言われると、どこの商品よりも魅力的に感じてもらえるはずです。

無理のない範囲でかまわないので、時間をかけて少しずつ改善しましょう。ネット販売はそうした目に見えない行動こそが、あとあと大きな差になります。

迷ったら立ち止まらず、迷った分だけ試してみましょう。

オリジナルの縦長のページで商材を売ろう

売りたいものが決まったら、第2章でご紹介した「ペライチ」でオリジナルのページを作りましょう。

ヤフオクやメルカリで不用品を売ったり転売をしたりする場合は不要ですが、縦長のランディングページがあると大きな利益を出すことが可能になります。縦長のページは1万円以上の商品やサービスを販売しても、高い購入率を出せるのです。1万円の商材を売ったとしたら、100アクセスで1人が買ってくれれば、1万アクセスで100万円の売上を出せることになります。あとはアクセス数が増えれば増えるほど、売上も増えていきます。

アクセス数を増やす方法としては、ブログやSNS、広告などがあります。商材に関する分野でブログを書いて、定期的に自分の縦長のページを紹介するのです。このような集客方法については、第7章で詳しくご紹介します。

縦長のページで販売するにあたっては、**「ペライチ」のほかに、もう一つ登録しておくと良いサービス**があります。ペライチは有料オプシ

図3－7　BASEのログイン画面

ョンを付けることで決済機能を使えますが、**「BASE（ベイス）」という無料サービスは、**無料でネットショップをもつことができるうえ、決済サービスを利用することもできます。

ＢＡＳＥは、商品が売れて決済されたあと、その金額の一部から手数料・利用料を払う仕組みになっています。つまり、売れてから手数料と利用料を支払えば良いため、ペライチと組み合わせると初期費用は一切かからないのです。

縦長のページはペライチで作って、販売するときは「購入はこちら」というボタンを作ってＢＡＳＥに飛んでもらいます。そして、そこで決済してもらうようにしておけば、完全無料でネット販売を行うことができます。ぜひ、この２つのサービスに登録してください。

・ネットビジネスの心得③　ネットサーフィンで溺れないために

販売ページを作る上での最大の誘惑は「ネットサーフィン」です。インターネットを開けば、面白い動画やゲーム、つい見たくなるサイトが目に入ってきます。それらの動画やサイトは、時間を忘れるほどに楽しいものです。

しかし実は、この時間の使い方が、失敗と成功の分かれ道です。**結果を出す人は、まず自分がするべきことの時間を確保して、ネットサーフィンを断っています。**

ネットサーフィンのような刹那的な楽しさは、人生において本当の豊かさをもたらしてはくれません。反対にネット販売の売上のように、長期的に見て結果が出てくる楽しみとなるものは、人生を豊かなものにしくれます。

おすすめしたいのは、毎日同じ時間にページ作りをする習慣をつけることです。習慣がつけばその時間にやらないと落ち着かなくなり、自然とページを作ることができます。

また、空いた時間を使うときは、優先順位が高いものから始めましょう。**人間の意思決定回数には限りがあり、1日に何回も考えて判断をしていくうちに意思決定回数を消費してしまい、意思の力が弱くなってしまいます。**例えば、最初にネットサーフィンをしてしまうと、次第に疲れてしまい、ページを作る集中力や気力がなくなってしまうのです。

ですから、ネット販売で成功するためには、まずはページ作りから取り組み、余った時間でネットサーフィンをしましょう。

ほか、パソコンでページを作成する際はスマホの電源を切ったり、ふだんから整理整頓をして、視界に入る物を減らすなどを心がけましょう。集中できる環境を整えておけば、意思決定回数の多い状態を保て、質の高いページが作れるようになります。

第4章

売れるトップページの秘密

トップページの本当の役割は、下にスクロールさせること

これから販売ページを作る方に、ひとつ覚えておいてほしいことがあります。それは、**普通にページを作っても、最後まで読んでもらえない**ということです。

誰もが文章や写真などに力を入れ、思いを込めてページを作っています。しかし、縦長のページの場合、最後まで読んでくれるのは訪問者の10％程度です。ページの質が悪かったり、見込み客ではない訪問者が来たりしていれば、最後まで読んでくれる人は0人ということもあります。開いてから2秒以内に閉じられてしまうことさえ珍しくありません（みなさんも他人のページを開いてすぐに閉じてしまったことがあるのではないでしょうか）。

最後まで読んでもらうためには、「**トップページに工夫をする**」ことが大切です。自由にページを作れるとなると、トップページから「自分の商品やサービスの説明を入れてし

まいがち」です。しかし、それでは多くの人にすぐ閉じられてしまうのです。

トップページの本当の役割は、訪問者に一番下までスクロールしてもらうことです。ページを開いた瞬間に「面白そう！」と興味をもってもらい、**一番下まで見たくなるような画面であることが必要**なのです。

具体的な方法はこれからお話ししますので、まずはトップページは大事にした方が良いと覚えておきましょう。

無料でトップ画像が作れるサービス

縦長のページを作る無料サービスの多くは、トップページのアレンジはあまりできません。ですから、より高いレベルで訪問者の心をつかむためには、トップ画像を1枚用意するといいでしょう。初心者では作れないようなプロクオリティのトップ画像があるだけで、しっかりしたページだと思ってもらえて、売上も大きく変わってきます。

基本的にはページ全体を見てくれる人が増えれば、売上も増えます。また、トップページが定まるだけでページの軸も定まるので、全体を作成しやすくなります。

一番簡単にクオリティの高い画像を用意する方法は、プロのデザイナーにトップ画像を作ってもらうことです。しかし、高いクオリティで作ってもらうとなると、2万円以上はかかります。売り始める前の段階で2万円以上の出費は辛いですね。

そこでおすすめしたいのが、無料でトップ画像を作れる「Canva」(キャンバ)というサービスです。文字のデザインを変えたり、写真を挿入したりと、質の高い画像作成を無料で簡単にできます。

自分で作るのが大変という人には、ワンコインから画像作成を依頼することができる「coconala」(ココナラ)というサイトがおすすめです。ここにはデザイナーやイラストレーター、カメラマンなどのクリエイターが多数登録しており、彼らがそれぞれ請け負う際の価格を設定しています。副業や経験を積むために画像を作りたい人からプロのクリエーターまでさまざまな人がいます。サイト内の「デザイン」というカテゴリーから自分の好みに合ったデザイナーを探し、価格や作品例、評価を見て、良さそうだと思う人に依頼をしましょう。

依頼をする際のポイントは、これまでお伝えしたように、相手を大事にすることです。デザイナーの悩みや、どういう思いで作っているかを考えて依頼することで、やりとりがスムーズになることに加え、やる気をもって質の高いものを作成してもらえます。

ページを作る際は、自分にかかわってくれるすべての人を大事にしましょう。そうすることで、あなたから多くの人へと思いが伝わり、最終的にはお客様が喜んでくれます。その喜びの対価として、あなたはお金を受け取ることができるのです。

スクロールしてもらえるトップ画像作成のポイント

思わず訪問者が下にスクロールしたくなるトップ画像作成のポイントをお伝えします。まずは次の言葉を見てください。

小学生
大富豪

いかがでしょうか。見ていると何だか気になってきませんか。

一般的に小学生は親に養育される立場にあります。つまり小学生はお金を持っていないというイメージがあるのです。そこに「大富豪」という反対の言葉が並ぶと、人は理解できずにその意味を考えます。つまり、**反対の言葉が並ぶと人は何だか気になるのです**。これは、ベストセラー本のタイトルなどにも当てはまります。「金持ち父さん　貧乏父さん」「永遠の0」など、反対の言葉は人の興味をひくのです。

この原理はトップページにそのまま使うことができます。例えば、猛暑を快適に過ごせる商品を販売するなら、「暑くて悩んでいませんか」という言葉と、反対の「涼しくなります」という意味の言葉をトップページに並べてみましょう（図4－1）。その要素があるだけで、訪問者は続きが気になって、下にスクロールしてくれます。

現状の悩みと得たい未来をしっかり分けて明記することが肝心です。「トップ＝ギャップ」と覚えておきましょう。そうすることで、商品の説明やメリットを読んでもらうことができて、最終的には購入につながるのです。

図４－１　トップページで伝えると効果的な要素

（出典）上田防水布店

ただし、「景品表示法」や「薬機法（医薬品医療機器等法）」といった法律に注意が必要です。

景品表示法は、実際より良く見せかける表示や、過大な景品を付けて粗悪な商品を売ることを禁止する法律です。消費者を守るためのものですが、あなたが販売者側になるときは、効果を大げさに言わないように注意しましょう。

もうひとつの薬機法の一部を簡単に説明すると、医薬品・医薬部外品・化粧品・医療機器についての広告で、虚偽や誇大な表現をしてはいけないというものです。特にネット販売で注意したいのが化粧品の販売です。化粧品はネット販売ではニーズの高いカテゴリのひとつですが、販売する際には誇大な表現にならないように気をつけましょう。

このように、表現に一定の規制はありますが、正しい効果をなるべく反対の言葉が並ぶように工夫することが、トップページ作成のポイントです。最初に目に入るページにその要素があるだけで、一気にページを見てもらえるようになります。それが実際に売れるための、最初の一歩となります。

相手が先、自分は後

ビジネスでは、自分よりまず相手を大事にすると極めてうまくいきます。相手のことを徹底して大事にしてあげられる人は成功するのです。「それはそうだ」と思われるかもしれませんが、ネット販売になると途端にそれができなくなってしまいがちです。

例えば、あなたがオリジナルのダイエット方法を考案したとしましょう。その方法をネットで売るとき、ページの最初に「○○式ダイエット」と自分の名前を入れたくならないでしょうか。

これはよく見かけますし、特に不自然なところはないように見えますが、**いきなり自分のことを言うのはNGです**。「相手が先、自分は後」というビジネスの成功パターンと反対なのです。

わかりやすくするため、あなたに私のダイエット方法を販売するとしましょう。ダメな例は次のとおりです。

「これがおすすめの上田式ダイエットです！　あなたは痩せたくありませんか？」

いかがでしょう。挑発されていて、押しつけられているように感じませんか。これは、「上田式」と自分のことから文章が始まって、「痩せたくありませんか？」と相手のことを後に言っているからです。

では、文章を入れ替えてみるとどうでしょうか。

「あなたは痩せたくありませんか？　これがおすすめの上田式ダイエットです！」

先ほどより抵抗なく読めるはずです。「あなたは」から始まって、先に相手のことを大事にしているからです。**同じ内容でも、相手を先にするか自分を先にするかで、受ける印象は正反対になります。**ビジネスで成功している人ほど、この順番を徹底して実践しています。

ネット販売のページでもまったく同じことが言えるのです。

実際に売上を出しているページを見ると、相手を先に想っているページが多いことがわかります。相手の悩みに寄り添った一文が、最初に目に付くところに大きく書かれているのです。

あなたもトップページ上部の最も目立つところに、相手を気遣った文章を書いてあげましょう。「○○でお困りのあなたへ」「あなたは○○で悩んでいませんか？」とひと言入れてから、自分の商品名やサービス名を入れるだけで、訪問者からの反応がとても良くなるのです。

日常会話でも同様です。この順番を徹底することは、成功のための最初のステップになります。

おすすめのトップ画像構成

ほかにも、優れたページには成功するための秘密がたくさん詰まっています。反応が良いトップページの構成要素は、次のとおりです（図4－2）。

①相手のパート（反対の言葉を並べてスクロールしてもらう）
②お客様の悩みを言い当てて、私のためのページだと思ってもらう
③自分のパート（自分の商品名を入れる）
④安心感を与えるエンブレムを載せる
⑤ワンポイントアピール

①については、まず相手のことを書きます。ポイントは、「〇〇でお悩みのあなた」というように、相手の心からの悩みを書いてあげるということです（②）。例えば、あなたが訪問者で、食事制限をしても痩せられないという悩みをもっているとします。その場合は、「食事制限をしているのに痩せられないあなた」と書きます。訪問者の悩みを的確に言い当てることで、相手はドキッとして、思わずページを見てしまうことになります。

反対の言葉が並んでいると続きが気になりますし、「ついに悩みを解決してくれるページを見つけた！」と喜んでもらえることにつながります。

図4－2　売れるトップページの基本的な構成要素

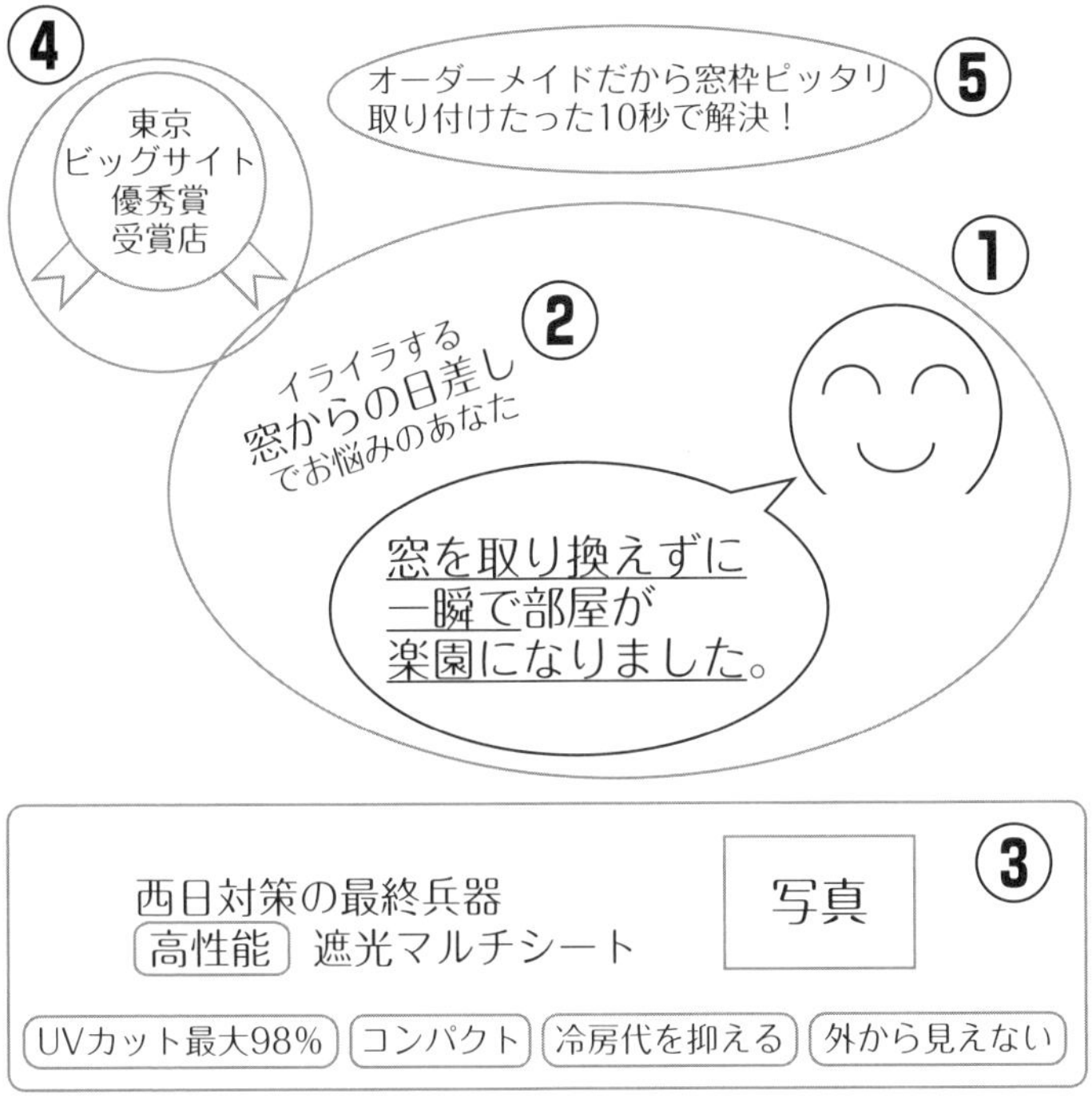

（著者作成）

相手の心からの悩みを書く方法、それは第2章「世の中に多い悩みが売れる商品に結び付く」で紹介した「Ｙａｈｏｏ！　知恵袋」や「教えて！　ｇｏｏ」で調査する方法です。

ここで調べた「最も多い悩み」を、トップ画像の「○○でお悩みのあなた」に当てはめるのです。そうすることで、簡易的ではありますが統計的に考えても、あなたの商材を購入してくれる人の最も多い悩みを、あなたは当てていることになります。それが売れているページの秘密です。

③については、あなたの商品の名前や写真を、ページ下部に載せることになります。余力があれば、商品の写真は綺麗に撮影したものを準備したり、商品の魅力を簡単な文章でアピールしても良いでしょう。

ほかには④のように、ページの右上や左上に金色のエンブレムなどで「顧客満足度○○％以上」「販売累計○万本突破」といったパートがあっても良いでしょう。これは、「商品を買っても損はしないから大丈夫ですよ」と安心してもらうためのものです。数値を出したり有名人も使っているといった話題性をもたせたりすることで、詐欺ではなくきちんとした商品ですよとアピールすることになります。

最初から信頼できる数値や話題性を手に入れることはむずかしいでしょう。その場合は、無料モニターを募集して満足度の調査をしましょう。10人程度に試してもらって、高い満足度が得られたならそのパーセンテージを記載すればいいのです。「何本突破」というのは数が多くなければ言えませんが、「○%」という表記ならサンプル数が少なくても堂々とうたうことができます。そうして少しずつ実績を作っていきましょう。

安心感やスクロールをしてもらうための工夫以外に、⑤のワンポイントアピールも載せると効果的です。「日本製」「オーダーメイド」「全額返金保証」など、あなたの商品やサービスのポイントを載せるのです。絶対に必要ではありませんが、空いているスペースは有効活用したいものです。

このような要素を入れると、とても説得力のある質の高いトップページになります。もちろん、この要素は載せずに他の構成パターンを載せてもいいのですが、おすすめのパターンなのでぜひ応用してください。

訪問者が得たい未来を載せる

トップページに写真を載せるなら、①の中に訪問者の得たい未来の姿を載せることがおすすめです。例えば、ダイエットをしたくて悩んでいる人に、ダイエット前の頭を抱えている画像を載せても良い反応は得られず、下にスクロールしてもらいにくいです。反対に、痩せて笑顔でいる人の画像が載っている方が、スクロールしてもらうことができます。

つまり、**訪問者からしたら画面の手前にいる悩みのある自分と、画面の向こうにいる人物が輝いて見えて対照的であるほど、続きが気になる**のです。なぜなら、人は誰しも良い未来を手に入れたいからです。ページを作る際は、そのような「快」の部分を刺激してあげる必要があります。

人物の写真を準備するのがむずかしい場合は、フリー画像を使うといいでしょう。現在、とても多くの種類のフリー画像がネットで手に入ります。

ぱくたそ
写真AC

これらのサイトでは、好きな画像を検索して無料でダウンロードすることができます。ネット販売での商用利用もOKになっていることが多いです。ただし、モデルの人物が商品を勧めているかのように加工したり、吹き出しをつけて購入を促す文字を入れたりするのはNGですので、注意しましょう。

また、①の中にある「○○でお悩みのあなた」といった悩みと並べる反対の言葉も、なるべく訪問者が望む、写真とマッチした未来を書くようにします。この部分は商品を見せることよりも大事です。**訪問者は実は商品を必要としているわけではありません。商品を使って得られる未来がほしいだけなのです。**

例えばダイエットであれば「痩せるサプリがほしい」のではありません。体重が減って、鏡を見るのが楽しくなったり、人からの視線が気にならなくなったり、思いきりオシャレを楽しめるようになったりしたいのです。もっと先を言えば「写真を撮るのが楽しみになって、すてきな異性と結婚できるようになりたい」といった未来がほしいのです。

そうした究極的に喜ばれる未来を見せてあげましょう。人よりも何倍もすてきな言葉を言ってあげる分、売上として訪問者からお金を受け取ることができるのです。

秘密の画像サイズ

スマホやタブレットの普及によって、ここ数年で見やすいトップページ画像の縦横の比率が変わりました。**トップ画像は、スマホ・タブレット・パソコンのどの端末で開いても見やすいものであることが求められます。**スマホで開いたときにパソコン用のサイズになっていたら、それだけで離脱されてしまいます。反対にパソコンで開いたときにスマホ用のサイズになっていたら縦長すぎて読みにくく、これも離脱されてしまいます。離脱は売上の低下に直結します。

しかし、どちらでも見やすい画像を用意することは、意外とむずかしいものです。

「ペライチ」でも、ある程度きれいに作成できますが、トップ画面だけはクオリティの高いものを用意したいところです。スクロールしてもらえなければ用意した商材やページが台無しになってしまいますので、ここは力を入れましょう。

そうはいっても、これから試行錯誤をするのは大変なので、見やすい縦横の比率をご紹介しましょう。

縦1242ピクセル　×　横1124ピクセル

これは、売れているページのトップ画像の縦横比を平均したものです。それを「ペライチ」で作成したページに当てはまるように変換しました。ピクセルというのは画素のことで、画像の最小単位です。前述した「Canva」（キャンバ）を使ってこのピクセル数で設定したり、デザイナーに依頼する場合はこのピクセル数を伝えて作成してもらったりしましょう。

細かいところですが、商品名は上部720ピクセルまでにあるのが理想的です。つまり、画像の中央よりやや下です。訪問者が小さなパソコンでページを開いても、ひと目で商品名まで見えるからです。

このような比率でトップ画像を用意すると、スマホ・タブレット・パソコンのどの端末でも見やすい画像になります。そうすることで、トップ画像が見にくくてページを離脱することが防げて、売上アップが期待できます。

スマホやパソコンの普及は今後も長く続くでしょうから、この画像比率は長く使えることでしょう。せっかく訪問してくれた方のために、ぜひ見やすい画像サイズでトップ画像を作ってみてください。

・ネットビジネスの心得④　ネット販売の師匠を見つけよう！

販売ページ作りは、どうしても一人作業になります。一人でやっていると、「これでうまくできているのかな」「本当に成功するのかな」といった不安が出てくるものです。

そんなときにおすすめなのは、「ネット販売で成功している人に出会うこと」です。実際に成功している人に出会うと「本当にうまくいくんだ」という確信がもてます。そして、この人のように結果を出したいと、格段にやる気が出るものです。実際、ビジネスやスポーツで成功している人は、うまくできる人の考え方や技術を継承しているケースが多くあります。

環境を良くするという面でも、成功している人を見つけて、良い関係を持つようにしましょう。**特におすすめしたいのは「自分の理想の未来を実現している人」です。**例えば、「お金だけではなくて、人も大事にしたい」と思うのであれば、それを叶えている人を見つけましょう。

具体的な方法としては、セミナーや講演会に参加したり、良いと思える著者を探したり、FacebookなどのSNSで探したりしましょう。師匠になってほしい人がSNSで情報発信をしていたら、メッセージを付けて友達リクエストを送ると、返事が来ることも意外とあるものです。そうして、目標とする人に出会いながらビジネスをすれば、不安は軽減し、心強く感じるものです。

そして、教えてもらった分だけ喜ばれることをお返しすると、良好な関係を築くことができます。モチベーションを保つという点でも、理想とする成功者を見つけましょう。

第5章

売れるネット販売ページの構成とは

あなたも人を動かせる！　黄金の構成

無料で販売ページが作れるとなると、自分で好きなように作りたくなるものです。しかし、売れるためには売れるための構成を知る必要があります。

ビジネスをしている人たちの中には、何十万円、何百万円というお金をかけてさまざまな反応をテストしている場合もあります。そんな人たちを相手に、何も知らないところから試行錯誤をして売れるパターンに行き着くには、とてつもない年月と費用がかかります。

そこで本書では、とっておきの売れる構成パターンをご紹介します（巻末図1参照）。

これは桁違いに売れているページの構成を、誰にでも当てはめられるようにテンプレート化したものです。○○の部分を埋めて、オリジナルのページを作ってください。最初は巻末の見本を使って手書きで書いてみることをおすすめします。「ペライチ」を使ってパソコンの画面でいきなり作り始めると、自由にカスタマイズできるがゆえに、迷ってしまうことがあるからです。

ひと通り構成ができたら、「ペライチ」を使って作り始めてみましょう。テンプレートは好みのもので良いですし、デザインやブロックも好みでかまいません。ひと通りできたら、あとは細かい表現を自分なりの言葉に修正しましょう。そうすることで、自然と自分だけの立派なページを作ることができます。

質問に答えるだけで売れる！　魔法のヒヤリングシート

どのような構成にすればよいかがわかっても、実際に作る段になると文章がうまく入れられない人もいます。どんな人を対象に売るのか、売ろうとしている商品やサービスの強みが何か、といったことが定まってないのに、構成どおりに作ろうとしても手が止まってしまうのは無理のないことです。

そこで本書では、構成を組み立てやすいように、いくつかの質問を用意しました（巻末図2参照）。この質問に答えるだけで、簡単にページを作ることができます。**ヒヤリングシートの回答をそのまま売れる構成に当てはめれば、ページができるようになります。**ページを作るにはある程度の時間はかかりますが、最小限の労力で最大限の成果が出るように工夫してあります。

最初の質問は、「お客様の心からの悩みは何ですか？」となっています。この質問でお客様の悩みを誰よりも考えることで、お客様の心をつかむことができるようになります。人間関係と同じで、ネット販売の訪問者も、自分のことを誰よりもわかってくれる人に心を開くのです。

ですから、信頼を得て購入をしてもらうためには、最初は想像でもかまわないので訪問者の心からの悩みを書くことから始めましょう。繰り返しになりますが、悩みを見つけられないときは、「Ｙａｈｏｏ！　知恵袋」や「教えて！　ｇｏｏ」で調査してみましょう。

このような質問に答えていくだけで、人一倍質の高いページにすることができます。楽しむ感覚でやってみてください。

売れる構成には共通する要素がある

もうひとつ、ページを作る上で覚えておいてほしいポイントがあります。

実は、人によって行動を起こす理由は異なります。根拠となる数値があれば納得して行動できる人もいれば、やり方がわかれば行動できる人もいます。このようにさまざまなタイプの人がいるため、すべての人に動いてもらう要素をページに入れる必要があるのです。

次の「4つの学習タイプ」を見てください。これはアメリカの教育理論家であるデイヴィット・コルブ氏が提唱したもので、人は物事を理解するときに4タイプに分かれるというものです。つまり、4タイプの要素をページに入れることで、すべてのお客様に行動してもらうことができるのです。

- なぜ
- 何
- どうやって
- 今すぐ

この4タイプは、そのままビジネスにも応用することができます。

「なぜ」タイプの人は、理由が明確になることで行動することができます。ネット販売でいえば、なぜこの商品でなければならないのか、という理由の説明が必要となります。例えば、商材が「ダイエットの方法」だったら、「短期間でできる方法だから」「難しい知識は一切いらないから」「自宅でできるから」といった理由です。このような理由があることで、行動、つまり購入してもらうことができるのです。

「何」タイプの人は、数値や根拠が明確になることで行動することができます。ダイエットで言うと、「この方法はモニター調査の結果、2週間で80％の人が3キロ以上の減量に成功した」「医学博士の○○氏が推奨している」などです。

「どうやって」タイプの人は、やり方が具体的にわかることで行動することができます。どんなに理由や数値が示されていても、やり方が分からなければ行動には結び付きにくいのです。ネット販売の場合は、購入の仕方を具体的に載せてあげましょう。例えば、購入前にサイズを測る必要がある場合は、どこからどこまでをメジャーで測るのかを親切に載せてあげる必要があります。購入ボタンを押してから、商品が到着するまでの流れも具体的に提示してあるといいでしょう。そのようなやり方がわかることで、「どうやってタイプ」の人にも行動してもらうことができます。

「今すぐ」タイプは、「回りくどいことはいいから、とにかく今すぐ行動したい！」という人です。このタイプの人には、**今すぐできること**を伝えてあげます。ネット販売の場合は、「今すぐこちらのフォームに記入して、送信ボタンを押してください」「平日10時〜18時の間に、電話でお問い合わせください」といった具合です。

このように、4つの学習タイプの要素を構成に入れることで、すべてのお客様をつかんで、高い確率で購入してもらうことができるのです。

本書巻末の図1にはそのすべての要素が入っていますが、これを意識することで、よりお客様の反応の高いページになります。ぜひすべての要素を入れてみてください。

「お客様の声」の載せ方は、量の多さと手書きが大事

どのような商品やサービスを売るにしても、「お客様の声」はぜひとも載せたいものです。ネット販売において、訪問者は「効果がなかったらどうしよう」という不安や「購入したものがいまひとつだったらどうしよう」という不安をもっています。それを解消してあげるのが「お客様の声」です。

また、自分の商品を自分で紹介するだけより、他者の視点で紹介された方が信頼してもらえます。販売前から声をもらうことはできませんので、商品を販売しながらお客様の声を集めて載せていきましょう。

「お客様の声」を載せる上で重要なのは、声の数です。「ハンドワゴン効果」という心理学用語がありますが、たくさんあれば、多くの人から支持されていると思ってもらえて、購入率が高くなります。あなたもネット販売を利用するとき、レビューの数が多いものを選んで購入した経験があるのではないでしょうか。反対に、どんなに質の高いレビューが

載っていても、数が少ないと十分な信用にはつながらないということになります。「お客様の声」は、質より量が大事だと覚えておきましょう。

信頼が得られる「お客様の声」は、次の順です。

動画∨手書き∨テキスト文

動画はお客様が顔出しをしているので、最も信頼を得ることができます。しかし、販売ページにいくつも動画を載せると読み込みが遅くなってしまいますし、最後まで視聴されないことも多いので、まずは1つあれば十分でしょう。

次に信頼が得られるのは手書きの「声」です。テキストデータで掲載すると「販売者が自分で用意しているかも」と疑われてしまうこともあります。ですから、手書きの声をたくさん集めて、画像としてページに掲載すると効果的です。

また、お客様のパーソナリティについて詳しく載せるほど、信頼を得ることができます。

本名・年齢・住まいの都道府県といった情報を載せると、「作りものではない本物の声だ」と信頼が得られます。顔写真も載せた方が良いでしょう（いずれも事前にお客様の許可を得ておきましょう）。

イニシャルやニックネームのみでは、十分な信頼を得られません。匿名を希望されたら仕方ありませんが、なるべく本名で掲載させてもらうようにしましょう。

より多くの「声」を集めるためには、提供してくれたお客様には商品やサービスの割引をしたり、送料を無料にしたりといったサービスを提供するのが有効です。

販売と並行してお客様の声を少しずつ集め、掲載してみてください。

自身の顔写真はページに入れるのが鉄則

ネット上で信頼が得られない一番の理由は、「相手の顔が見えないから」です。あなたがどんな人で、どんな思いで商品を売っているのかが訪問者にわからなければ、いかにページがすばらしくても疑われてしまいます。

訪問者から信頼を得る最高の手段は、あなたの顔写真を載せることです。

販売者の顔写真が載っているだけで、「顔を出しているんだから、真面目に販売しているのだろう」と思ってもらえます。実際に、販売側の顔写真を載せるだけで売上が上がることは多くあります。世の中で売れているページを見ても、その多くは販売者の顔写真が載っています。

自分の顔に自信がないという方もいらっしゃるかもしれません。しかし、ネット販売の**プロフィール写真において大事なのは「明るい印象」**です。顔に光が当たった明るい笑顔の写真であれば、それだけで購入率のアップが期待できるのですから、ぜひ写真を撮ってみてください。お金に余裕があるのでしたら、カメラマンに撮影してもらいましょう。1～2万円程度はかかりますが、それだけの価値はあります。

お金をかけられないなら、顔に照明や自然光を当てて、スマホやデジカメで撮影しましょう。ネット販売では、商品でも人物でも写真の明るさが大事です。また、服や背景もあなたの一部と心得ましょう。正装を心がけたり販売者らしい服を着たりして、汚れのないきれいな背景の場所で撮影しましょう。それだけであなたの大きな信頼につながります。

リンクは別ウィンドウで開かせる

販売ページを作っていると、自分のほかのサイトを紹介したり、ページ内で別のページを紹介したりしたいと思うことがあるかもしれません。

しかし、**原則として販売ページにはなるべく他サイトのURLは載せない**方がいいでしょう。URLをクリックされると、販売ページから離れてしまうからです。そして、一度離脱してしまうと、そのままネットサーフィンをされてしまい、せっかくの商品やサービスが売れなくなってしまいます。

URLはどうしても載せなければならないものだけを載せるようにしましょう。その場合は、クリックされても元の販売ページは残したまま、新しいウィンドウでページが表示さ

図5－1　別ウィンドウで表示された例

（出典）ペライチ（以下図5－5まで同）

図５－２　ペライチを使った新規ウィンドウの作り方

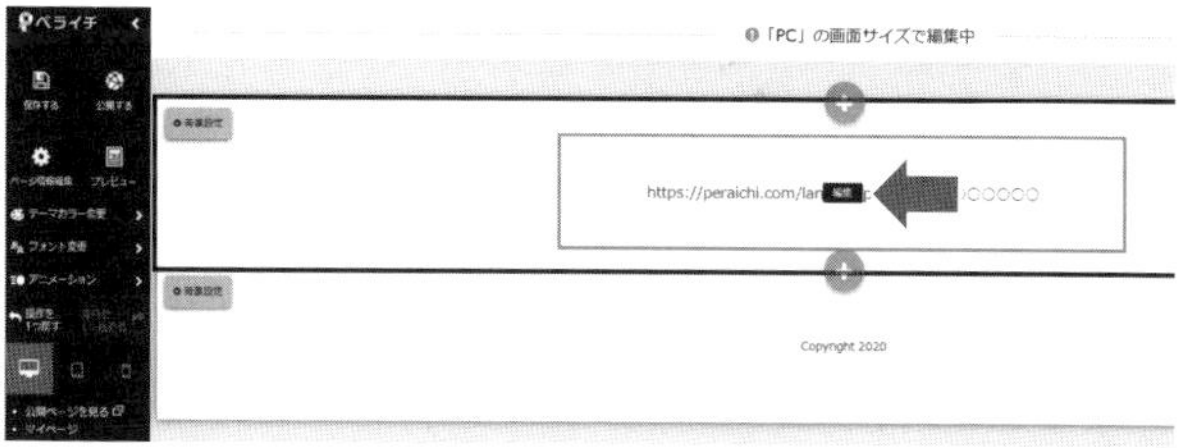

図５－３　ペライチを使った新規ウィンドウの作り方

図５－４　ペライチを使った新規ウィンドウの作り方

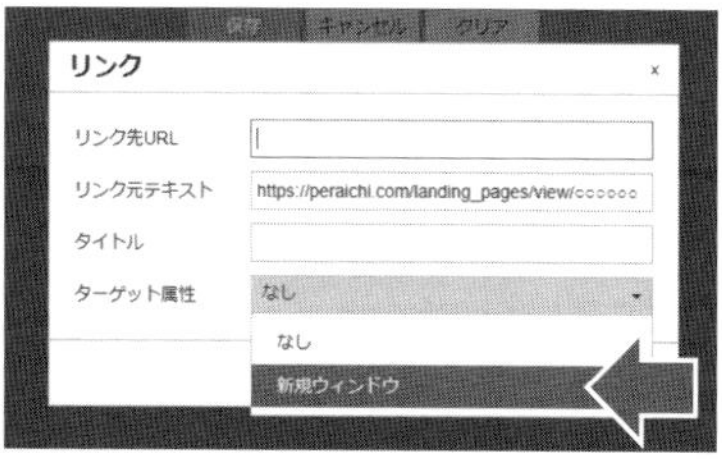

れるようにすることが大切です。（図5－1）

「ペライチ」の場合は、マイページの「ページ編集」から、記載するURLの文字を入力したら、そこでチェーンマークの「リンクの挿入・編集」をクリックします。そして、「ターゲット属性」を「新規ウィンドウ」に変更することで設定できます（図5－2、5－3、5－4）。

また、商品を購入してもらうにあたって「購入はこちら」というボタンの設置が必要になる場合もあります。その場合も、元の販売ページは残したまま、新規ウィンドウで決済ページが表示されるようにしましょう。

そうすればお客様が決済ページで「やっぱり購入をやめようかな」と思ったときに、元のページに戻ってきてくれます。そして販売サイトをまた見て、もし新しく買う理由が見つかれば、購入してもらえるのです。

新規ウィンドウで開くといった仕掛けはとても細かいものですが、非常に大事なことです。売れるページでは、このようなお客様への細かい配慮が重なって、しっかりと購入されるページになっています。

問い合わせ方法は、多く載せるほど良い

あなたは、メールを打つことと電話で話すことはどちらが得意でしょうか。人と話すのが苦手だから電話よりメールの方がいいという方もいれば、メールは苦手だから電話の方がいいという方もいるはずです。

同じように、お客様も問い合わせをするときはメールの方が良かったり、電話の方が良かったりします。どちらかが苦手だったり、時間がないから電話で済ませたいという方がいたり、好きなときに確認できるからメールの方が良いという方もいたりします。ですから、お客様が希望する問い合わせ方法に合わせましょう。「相手に合わせるなんて嫌」「面倒くさい」と思われるかもしれませんが、**お客様の希望に合わせるほど、売上が増えていきます。**

実際に、多くの問い合わせ方法を記載した私のページで、問い合わせから購入に至った割合は次のとおりです。

・決済ボタンから購入……66％
・電話から購入…………20％
・FAXから購入…………7％
・メールから購入…………5％
・直接来店で購入…………2％

決済ボタン以外の問い合わせ方法が34％を占めています。つまり、問い合わせ方法を増やすことで購入者が1・5倍程度増えるのです。

さらに、電話やメールの問い合わせからは高額購入されやすいという特徴もあります。商品に関する疑問があって高額購入に踏み切れない人も、電話やメールで問い合わせをしたことで疑問や不安が解消され、購入してもらえるケースが多々あります。

販売チャンスを逃さないためにも、メール・電話・FAXなど、できる限り多くの問い合わせ方法を載せるようにしましょう。FAXについては、わざわざそのために設置する必要はないでしょう。すでにもっている場合だけで十分です。

また、販売ページではお客様がワンタップで電話をかけたりメールを送ったりするように設定できます。これも売上を伸ばすためには重要です。お客様が問い合わせをしやすくなる分、売上も増えるのでぜひ、設定しましょう（図5－5）。

ほか、少し先の話になりますが、売上が出てきたら電話は販売者が料金を負担するフリーダイヤルやフリーコールにすると、電話からの問い合わせが増えます。ネット販売が軌道に乗り、時間やお金に余裕ができたら、フリーダイヤルやフリーコールの契約を試してみるのもいいでしょう。

電話対応を代わりにしてくれる業者も存在します。今すぐには不要かもしれませんが、うまく導入できると電話からの売上が増えて大きな利益を残すことができます。

図５－５　問い合わせ先のリンク設定（電話）
（tel：0000…と入力）

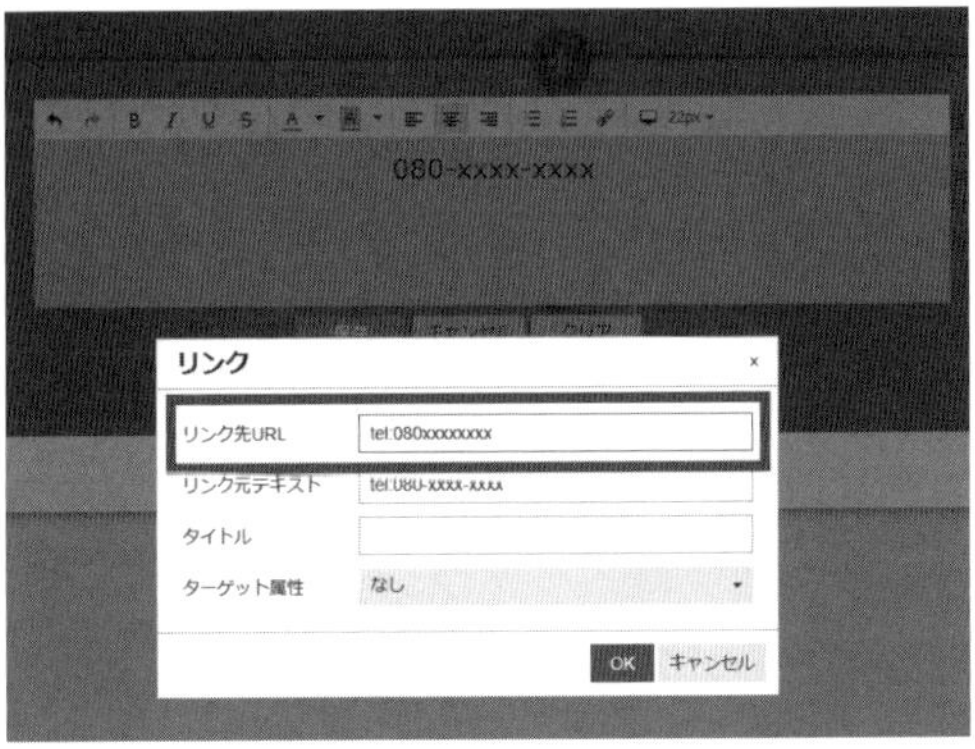

問い合わせ先のリンク設定（メール）
（mailto：000@000…と入力）

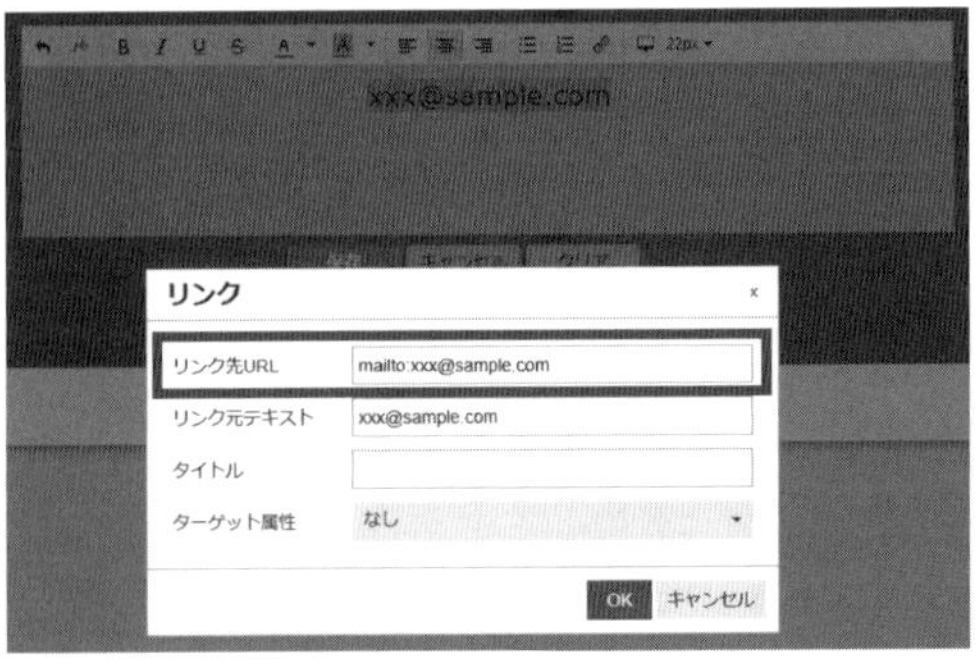

会社概要は後ろに載せる

会社や個人事業主の情報は後ろに載せましょう。これも「相手が先、自分は後」というビジネスの成功法則に基づく鉄則です。お客様は会社や事業のことが知りたいのではなく、あくまで商品を通じて良い未来を得たいのです。

たとえ良さそうな商品でも、どんな人が売っているかわからなければ購入をためらってしまいます。あなたの思いや事業の詳細は、最後にしっかり伝えましょう。事業を行っている住所や販売者名、問い合わせの電話番号は小さめに載せると良いでしょう。あまり大きすぎると、決済ボタンからではなく、会社概要欄から問い合わせが来てしまって、あなたの負担が増えてしまいます。同じ理由で、ワンタップで電話やメールができるようにする必要もありません。記載されていることが大事です。

会社の写真を載せる場合は、これもきれいで明るい写真であるほど、しっかりした良い会社だと思ってもらえます。ネット販売のページでは、写真くらいでしか会社のイメージを伝えることができませんので、いい写真を選びましょう。

●特定商取引法とプライバシーポリシーを載せる

ネット販売のページには「特定商取引法」と「プライバシーポリシー」を載せなければなりません。載せる場所は、なるべく目立たないページの最下部が良いでしょう。

特定商取引法は、悪質な販売者から購入者を守るための法律です。事業者名、住所、連絡先などを載せる必要があります（表5－1：掲載例）。詳細はネットで「特定商取引法　書き方」「特定商取引法　テンプレート」などと検索すると、テンプレートが出てきます。コピーして貼り付け、自分の事業に当てはめましょう。

プライバシーポリシーは、個人情報の保護についての記載です。ネット販売だと、通常は第1条～第10条くらいまで個人情報の取得方法や安全管理体制について記載します（表5－2：掲載例）。こちらも、「プライバシーポリシー　書き方」「プライバシーポリシーテンプレート」と検索すれば、テンプレートが出てきます。

ペライチの有料の「決済オプション」を使うと、特定商取引法とプライバシーポリシーの掲載は、ある程度テンプレート化して自動挿入されます。クレジットカードなどの決済も簡単にできるようになるので、費用に少し余裕のある方はこちらもおすすめです。

同じように、ＢＡＳＥを利用する場合も特定商取引法とプライバシーポリシーを載せる必要があります。しっかり機能するように画面で確認しながら設定しましょう。

ペライチで特定商取引法とプライバシーポリシーを別ページで開くなら、クリックされてから離脱されないように、これは新規ウィンドウで開くように設定しましょう。滅多にクリックされることはありませんが、細かいところもしっかり設定しておくに越したことはありません。

表５－１　掲載例

販売社名	株式会社〇〇〇〇
運営統括責任者	上田　祐輝
所在地	東京都中央区銀座0-0-0
電話番号	00-0000-0000

１．事業者名、連絡先住所などの事業者情報を記載

返品・不良品について	「不良品・当社の商品の間違い」の場合は当社が送料を負担いたします。 配送途中の破損などの事故がございましたら、弊社までご連絡下さい。 送料・手数料ともに弊社負担で早急に新品をご送付致します。 【返品対象】 「不良品・当社の商品の間違い」の場合 【返品時期】 ご購入後●日以内にご連絡があった場合に返金可能となります。 【返品方法】 メールにて返金要請してください。 ●日以内にご購入代金を指定の口座へお振込みいたします。
表現、及び商品に関する注意書き	本商品に示された表現や再現性には個人差があり、必ずしも利益や効果を保証するものではございません。

２．返品の制度は表示させる

表５－２　掲載例

「○○○○○（ショップの名前）」は、個人情報保護の重要性に鑑み、本ウェブサイト上で提供するサービス（以下「本サービス」）における個人情報の取扱いについて，プライバシーポリシー（個人情報保護方針）を定めます。 個人情報保護の仕組みを構築し、個人情報保護の重要性の認識と取組みを徹底させることにより、個人情報の保護を行ってまいります。 **以下、個人情報保護法の条文を第１条から第10条まで記載**

・ネットビジネスの心得⑤　成功のための指標はTTP・TKP

情報が溢れている現代。本だけでも年間7万5000点以上、1日あたり200冊以上の新刊が出ています。

いったい何を信じたらいいのかわからない、という人も多いことでしょう。そんな方におすすめしたいのが、うまくいっている人の販売ページを見つけて、そのやり方をまねすることです。もちろん完全に同じことをするのはいけませんが、構成の順序や写真の使い方などの法則は、とても参考になります。

経営コンサルタントの下川浩二氏は、人が歩んでいくステップとして以下を提唱しました。

TTP・・・・・徹底的にパクる
TKP・・・・・ちょっと変えてパクる

ＯＫＰ・・・・・思いっきり変えてパクる

ずいぶん大胆な表現に思われるかもしれませんが、ネット販売においても「まね＝パクる」は大事な要素です。どこにどういう言葉を入れて、どこにどういう写真を入れるか、といった法則を、うまくいっているページにならってまねをすればいいのです。例えばサイトの購入ボタンが緑色だったら、同じように緑色を使いましょう。私も経験がありますが、「進め」を示す青信号が実際には「緑」であるように、最後の購入ボタンを緑にすると、思わず押して次に進んでもらいやすい傾向があります。

そして、売れる感覚がわかってきたら、少しずつその型を壊して、オリジナルのものにしていくのです。売れる感覚がわかる前からオリジナルのものを作ってしまうと、まったく世の中から相手にされない場合がありますので、気をつけてください。

第6章

ネット販売で魅せるコピーライティング術（文章術）

文章センスは書くほど磨かれる

ネット販売をする上で、魅力的な文章を載せることはとても大事です。たとえ世界一の商品を持っていたとしても、伝え方がうまくなければ売上に結びつきません。そんな事態を招かないためにも、**「コピーライティング」と呼ばれる文章術**を身に付けたいものです。

コピーライティングとは、**商品の特徴やメリットを文章でお客様に伝える技術**です。伝え方次第では**文章ひとつで売れるほどの力がある**ので、特にお金をかけずにネット販売を始める場合は、しっかり身に付けましょう。

本書では、コピーライティングのポイントをお伝えしますが、文章は書けば書くほど上達します。自信がないからと、書かないでいるといつまでも結果が出ません。気軽に書き始めてみましょう。たとえ少しでも文章があるだけで購入率が上がりますし、検索の上位を狙うSEOの面でも強くなります。

ネット販売におけるコピーライティングでは、むずかしい言葉は一切必要ありません。

自分の専門分野のものを売る場合でも、専門用語はなるべく使わない方が良いでしょう。誰にでもわかるやさしい言葉で書くほど、商品の良さを多くの人に理解してもらえ、その分売上が増えます。

1行の文字数と改行のタイミング

ネット販売では、7～8割程度の訪問者はスマホで見ています。パソコンで販売ページを編集する場合、画面上で読みやすいように書いたつもりが、スマホで読み込んでみるととても読みにくいということがあります。

スマホで見やすいページにするためにも、次の基準を守ってください。

・1行は17文字以下にする
・1文は40文字以内にする
・1段落は4行までにする

このルールを守って文章を書くだけで、とても読みやすいページになります（図6－1）。このとおりに書くと、最初は「短すぎるのでは？」と感じるかもしれませんが、慣れるまで繰り返し書きましょう。

長い文章の例をあげてみましょう。

「スマホでは長い文章はなかなか読んでもらえませんので、ページを訪ねた人が読みやすいように一文を短くすると、最後までしっかり読んでもらうことができ、結果的に売上にも結びつきます」

この文章を短くすると、次のようになります。

図6－1　読みやすいページの法則

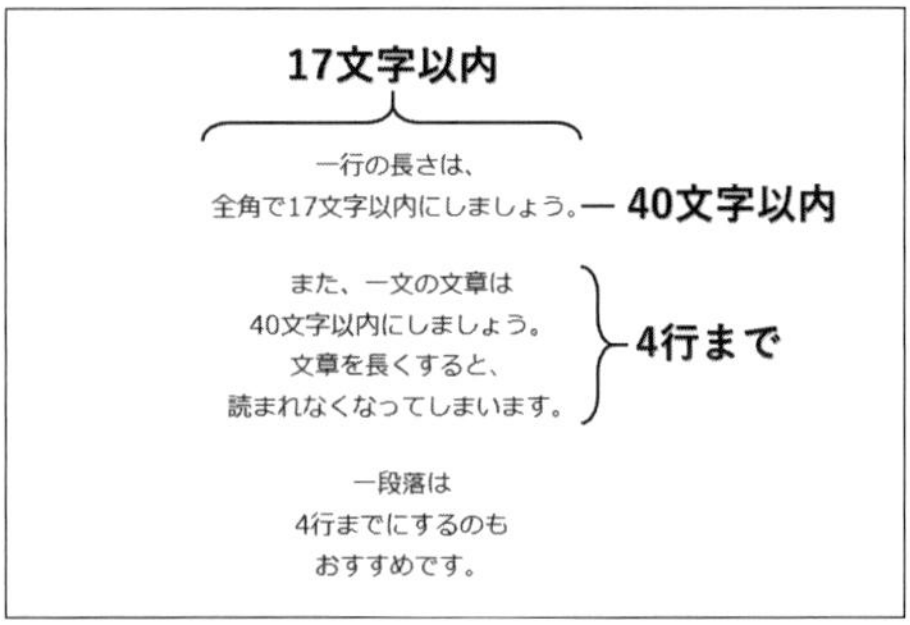

17文字以内
一行の長さは、
全角で17文字以内にしましょう。
40文字以内
また、一文の文章は
40文字以内にしましょう。
文章を長くすると、
読まれなくなってしまいます。
4行まで
一段落は
4行までにするのも
おすすめです。

（著者作成）

「スマホでは長い文章はなかなか読んでもらえません。そこで、ページを訪ねた人が読みやすいように一文を短くしましょう。そうすれば最後までしっかり読んでもらえます。それが結果的に売上にも結びつきます」

文字数は多少多くなりましたが、後者の方が理解しやすいはずです。細かいことですが、この配慮の積み重ねが売上を左右するということを意識して文章を書いてください。

また、一文を短く分ける際には、できる限り**「だから」「そのため」「そこで」といった「順接の接続詞」を使いましょう。**順接の接続詞は、前の文章を受けて、結論を述べるときに使うものです。これを意識するだけで、お客様が喜ぶメリットが自然と伝えられるようになります。

例えば、無添加の化粧品を販売しているなら「当商品は無添加化粧水です。**だから、**敏感肌の方にも安心してお使いいただけます」という具合です。

反対に、「しかし」「でも」「ところが」といった逆接の接続詞を使うと、お客様にネガティブな印象を与えることを書いてしまいがちです。「当商品は無添加化粧水です。**でも、**

アレルギーのある方は注意してください」という具合です。
場合によっては逆接の接続詞も必要ですが、ページの大部分ではなるべく順接の接続詞を使うように心がけましょう。

以上のことを意識するだけで、魅力的な文章を書くことができるようになります。何度も見返して、少しずつ練習しましょう。

共感してもらえる文章だと売上も上がる

モノが溢れている現代は、「誰から買うか」ということも購入する上での基準になっています。同じような商品があってどちらを買おうか迷った場合、「誰のところで買ってあげようかな」と考えるものです。ですから、お客様に共感してもらえ、喜んでお金を払ってもらえるような文章を書くことも大事です。

ネット販売で共感してもらうためには、人生ストーリーを書くといいでしょう。販売ページの顔写真や、ページ下部の会社概要の部分で、自分だけのストーリーを書くのです。そして**共感してもらうために、自身の「弱み」と「熱意」を同時に伝えましょう**。

人は誰でも一度や二度は辛い経験をしています。病気になったり、親しい人を亡くしたり、苦手なことがあったり、人からバカにされたり、多かれ少なかれ誰もがそんな過去があるはずです。

そこで、販売するにあたって、なぜそれを売っているのかを弱みとともに書いてみましょう。例えば、営業のノウハウを販売するなら「私は人と接するのが苦手で、そんな内向的な性格もあってか、学校ではいじめられていました」という具合です。

そして「今はそれを克服して営業でもトップの成績を収めることができるようになりました。そこで、過去の私と同じような人を救いたいと思い、このノウハウを販売することにしました」と熱意を伝えましょう。そうすることで共感を集めることができます。

もし販売のきっかけとなるストーリーがあれば、素直に書いてみましょう。そのようなストーリーがない場合は、無理に書く必要はありません。販売を続けていくうちに、自然とうれしい瞬間や苦労した話、今後への熱意などが出てきます。そうした経験が出たときに書いてみましょう。

このように、ページから販売者の気持ちが伝わってくると、お客様は購入したくなるものです。自分の弱みを見せるのは勇気がいることかもしれません。しかし、熱意と同時に伝えられたなら、商品を本当に必要としている多くの人の支持を集めることができます。

短く刺激的に書くと離脱されない

一生懸命文章を書いても全然読んでもらえないことがあります。後に紹介する解析ツールで、どこが読まれているかをチェックすると、読まれないままページから離脱されているケースが多々あるのです。

離脱されないためには、短く刺激的に書くことです。現代は情報で溢れかえっているため、ダラダラと長い文章は読まれないのです。

まずはダメな例をあげてみます。

「コピーライティングというのは売れる文章術のことで、広告でも使われており、ネットで商品を売るためにもとても欠かせないスキルです。このコピーライティングのスキルを身に付けることで、売りたい商品の良さをしっかりと伝えることができて、お客様にも商品の良さが伝わるので、売上を増やすことができると言ってもいいでしょう」

いかがでしょうか。とても読みにくいはずです。ネット販売のページなら、すぐに離脱されてしまいます。では次に、コピーライティングの技術を使って短く刺激的に書いた文章をあげてみます。

「読んでいくうちにお客様が興奮して胸を躍らせる。そして気付いたら商品を購入している。そんな魔法のような文章テクニックがあるとしたら、信じられるでしょうか？　それが『コピーライティング』という〝売れる文章術〟なのです。あなたの商品の魅力を、最高の営業マンの文章でお客様に語りかけてくれます。このテクニックを身に付けるだけで、あなたの売上と人生が大きく変わります」

いかがでしょう。読みやすい上に、引き込まれるように続きを読みたくなりませんか？

人の目を引く言葉として「パワーワード」や「トリガーワード」というものがあります。

「殺人」「浮気」というような、雑誌広告やニュースにも多く使われていて、思わず視線が吸い寄せられてしまうものです。先ほどの例文で言えば、「興奮」「魔法」「魅力」「最高の営業マン」というものがこれにあたります。これらのパワーワードやトリガーワードは、街中や電車にある広告も参考になりますので、日頃から思わず自分が見てしまった言葉を集めておきましょう。

ほかに短く刺激的に書くコツとしては、最初は長文で書いてみることです。そうすると、時間をおいて読み返したとき、思わず目につく言葉があるはずです。その言葉を残しながら、余計な言葉を消しましょう。すると、無駄が省かれて短く刺激的な文章になります。どうしても文章を書くことができない場合は、音声入力をするのも有効です。思ったことを話して文字に変換し、入力された文字の中で目に付いた言葉を入れて文章を書きましょう。こうすればとても書きやすいはずです。

ウソだけは絶対に書かない

ネット販売では、相手の顔が見えないことに加え、ページを公開する際、誰にもチェックをされません。だからウソを書いてもバレないと思われるかもしれません。商品・サービスの効果やお客様の声など、入力一つで簡単に創作できてしまいます。しかし、**ウソを書いて売るのは、景品表示法に違反することになるので絶対にやめましょう。**

また、曖昧な表現で勘違いをさせて買わせてしまおうというのもNGです。トラブルの元になりますし、お客様が商品を受け取った後の低評価にもつながります。勘違いさせるような表現は意図しているといないとにかかわらず、結果的に売上がまったく出なくなるので、あらかじめ避けておきましょう。

反対に、**真実の言葉のみでページを作ると、魅力的で売上が出るページになります。**例えば、お客様の声にしても、いろいろな人から言葉をもらうことに価値があります。同じ商品やサービスでも、お客様によってまったく視点が違った感想になるからです。そのようなさまざまな角度から書かれた感想が、あなたの商品やサービスをよりいっそう魅力的に伝えてくれます。真実の言葉が一番強いのです。

誠実に本当のことだけを書けば、商品を購入した後も「買って良かった」というお客様の満足度につながります。そのような感想は口コミにつながったりリピートにつながったりするものです。ですから、自信をもってありのままを書いてみてください。そうした姿勢は、必ずあなたもお客様も幸せな気持ちにさせてくれることでしょう。

具体的に書く

売るための文章で大事なのは「具体的に書く」ということです。曖昧な文章だと訪問者の心に響かず、購入につながりません。

次の2つの文章を見比べてみましょう。

・全額返金保証付きです。

・全額返金保証付きなので、安心して購入してください。万一、商品にご満足いただけなかった場合は、お客様から連絡を受けてから7日以内に、指定された口座に全額を返金いたします。すべてのお客様に満足していただきたいという思いで販売していますので、リスクなく安心して当商品を受け取っていただければ幸いです。

後者の方が感情が動かされるはずです。これは、具体的に書かれているため、リアルな現実をイメージできるからです。このような文章の積み重ねによって、訪問者の感情に響いて、最終的には購入してもらえるようになります。

具体的に書くポイントとしては、**視覚や肌触りなどの五感に関することを入れたり、理由や数値を入れたり、時間や場所を入れたりする**と良いでしょう。

例えば、ネットであなたがリンゴを販売するとして、その魅力を訪問者に伝えます。ありきたりな文章は次のようになります。

「美味しいリンゴです」

これだけでも悪くはありませんが、もう少し具体的に書けば、その魅力をさらに伝えることができます。例えば視覚情報を加えて書いてみましょう。

「全体的に赤くてつやのある美味しいリンゴです」

これだけでも魅力的なイメージが湧き上がるはずです。さらに味覚情報を加えてもっと具体的にしてみましょう。

「全体的に赤くてつやのある美味しいリンゴです。甘い蜜をたっぷり含んで、とてもジューシーな食感です」

いかがでしょうか。リンゴを食べたくなってくるのではないでしょうか。このように、五感に働きかけるように具体的に書くだけでも、文章は心に響くものになります。

また、その商品がなぜいいものなのかという理由を書いたり、数値を入れたりするだけで信憑性や説得力が増します。「経済産業省認定」「防災登録済」といったことや、「海外で何万本売れた商品です」といったアピールポイントがあれば、具体的に記載しましょう。

商品のメリットについても同様です。単に「良くなります」では情報不足です。「3週間後に◯◯になっています」などと、購入後、いつどのように良くなるのかを書くことで、商品の魅力がしっかり伝わります。

また、購入方法において、衣類など購入前にサイズを調べてもらう必要のあるものは、どこの部位を測るのか具体的に明記しましょう。「あとは考えればわかるだろう」という態度は不親切です。細かな部分まで行き届いた配慮をすることが、購入率アップにつながります。

具体的に書くというのは、文字数にするとわずかな差ですが、それだけで文章全体の魅力が大きく上がります。**訪問者が想像もできなかったレベルまで親切に言ってあげることで、売れるページになります。**ぜひ試してみてください。

エゴを挟まない

ネット販売で、売りたい商材を見つけた時は嬉しいものです。ほかにも、利益を出して家族孝行したいと思ったり、商品を通じて世の中に貢献したいと思ったりするのは、すばらしいことです。しかし**「売りたい」という熱意を伝え過ぎると、お客様は押し付けられていると感じて離れてしまいかねません**。玄関先に熱心な営業マンが毎日来たら、困ってしまうのと同じです。

お客様に喜んで買ってもらうために大事なのは「エゴを挟まない」ということです。商品が売れるのは、あくまで結果です。販売ページでは、訪問者に「これならほしい」と思ってもらえるよう、相手に合わせる必要があります。**「売りたい」というエゴを捨て、訪問者に寄り添ってあげる**のです。

例えば、「最初は悩んでいる人のために、優しく書こう」「読む人がワクワクするような表現にしよう」「明るい未来が見えるような商品の伝え方をしよう」といった具合です。

「こんな表現は嫌いだから書きたくない」「熱く語りかける方が自分の性分に合っているから、それ以外はしたくない」「商品の効果は勝手に想像してほしい」といったエゴが出ると、まったく見向きもされません。

相手の不安はこちらから言って全部解消する

販売ページでは、訪問者からあなたの顔が見えないように、あなたも訪問者の顔が見えません。ですから、訪問者がページを見ていて、不安や疑問に思うことがあっても、直接の営業のように察してアドバイスすることができないのです。

そのため、訪問者が抱きそうな不安や疑問を予測して解消してあげることが大切です。ネット販売の多くは事前決済のため、たったひとつ小さな不安があるだけで、購入のブレーキになってしまいます。そこを解消しておく必要があるのです。

ページを作ったあと、販売者側ではなく購入者側の立場になって一度ページを見てみましょう。そうすると、わかりにくい表現や、購入をためらってしまう恐れのある表現が見つかるはずです。今度はそれを解消するように文章を変えましょう。

例えば、バッグの販売であれば「実物が写真とまったく同じ色か、不安に思うかもしれない」「すぐにファスナーが壊れたらどうしよう」といった不安な要素を見つけることがあります。その場合は、「色合いがイメージと違っていた場合は、一度に限り返品交換できますので、お気軽にお問い合わせください」と書いたり、「1年以内にファスナーが壊れたら、無料でお直しいたします」と書くなどして、細かい不安を解消してあげましょう。

訪問者の不安や疑問が想像できない場合は、販売を始めてから「問い合わせ」をチェックしましょう。問い合わせが来て、その中に質問があったら、そこから不安や疑問を拾うことができます。それを解消する内容をページに追加することで、訪問者の不安や疑問を解消できるはずです。

これが、ネット販売で魅せるコピーライティング術です。たくさんのポイントがありますが、焦らずひとつずつ押さえながら書いていくと、どんどんうまくなっていきます。喜ばれながら購入してもらうのに大事なスキルですので、まずは気軽な気持ちで書いてみてください。

・ネットビジネスの心得⑥　最高のひらめきを得るには、散歩が一番

「何だか頭が働かない」という経験はありませんか？　ネット販売では、頭がスッキリした状態でページを作ることが重要なのですが、パソコンを使っていると脳の一部しか働きません。文字を見ることが中心になるため、言葉に関する「言語中枢」だけが働いてしまいがちなのです。ですから、脳の一部だけで一生懸命考えても、能力を最大限に発揮することはできません。

では、どうすれば脳全体を使って作業をすることができるのでしょうか。一番おすすめの方法は、「外で散歩をすること」です。室内よりはるかに明るい2500ルクス以上にもなる太陽光を浴びながら、スタスタスタ…とリズミカルに歩いていると、眉間の奥にある前頭葉の内側前頭前野《ないそくぜんとうぜんや》の血流量が増えることがわかっています。これは「直感」に関する部分です。先人の感覚はすばらしく、仏様

のおでこにある「白毫《びゃくごう》」というホクロのような（正確には丸まった毛）場所で、第三の目とも言われます。直感の働きがあるとされる「第六チャクラ」もここです。

散歩をした後はこの部分の血流量が増えているため、より脳全体を使って、良質なページを作れるようになります。実例をあげると、アップル創業者の故スティーブ・ジョブズ氏も外で歩きながらミーティングをしていました。Facebook創業者のマーク・ザッカーバーグ氏も同様です。一流企業が集まっているアメリカのシリコンバレーでは、「ウォーキング・ミーティング」が流行っているほどです。


このように、**パソコンやスマホを作っている超エリートの人たちは、パソコンやスマホを使わずに仕事をしている側面がある**のです。あなたも散歩を取り入れながら脳の働きを最高の状態にして、良質なページを作ってください。

歴史をひもといても、空海やベートーベンなど、散歩をしながら偉業を成し遂げた人が数多くいます。雨の日でも効果があるので、ぜひ散歩をしてみてください。

第7章

ネット販売の運営テクニック

完璧主義より不完全主義で公開しよう

学校のテストや仕事では、完璧であることを求められます。でも、**ネット販売のページを作って公開する場合は、不完全な状態で公開した方が有利**なのです。いきなり完璧なページを作ってしまうと、公開してから修正する余地がありません。すると、ページを完全に放置してしまうことになります。

放置していると、検索サイトから「このページはほったらかしで頑張っていないから、検索順位を下げよう」と判断されてしまいます。その結果、アクセス数が少なくなり、売上が低下してしまうのです。検索サイトの判断基準は正式には公表されていませんが、多くのネット事情を分析する限り、完璧でなくてもいいのです。

中途半端な状態でページを公開した場合は、文章を直したり、写真を変えたりと、こまめに修正をする必要が生じます。すると、検索サイトから「何度も修正して頑張っている」と判断してもらえ、検索上位にいくように応援してもらえることが期待できます。

最初は商品が売れても問題が起こらない最低限のラインで公開すれば十分です。極端にいえば、商品の紹介と問い合わせ先さえ載っていればかまいません。

実際、世の中は常に変化しているため、ネット販売のページに完成はありません。そう考えれば、気楽に販売ページを公開できるのではないでしょうか。

成功のイメージは右肩上がりの曲線

地元でチラシを配るポスティングは、配った数に比例して効果が表れます。おおよそのイメージですが、時間の経過と売上をグラフにすると、一直線になります（図7－1）。

これに対して、**ネット販売の理想的な成功イメージは右肩上がりの曲線です**（図7－2）。時間をかけ、手間をかけて販売しても、すぐには売上が出ませんが、根気よく続けていると、図7－1とは比較にならないほど大きな結果を出すことができます。これがネット販売の大きな特徴です。

図７－１　ポスティングにかけた時間と効果の相関

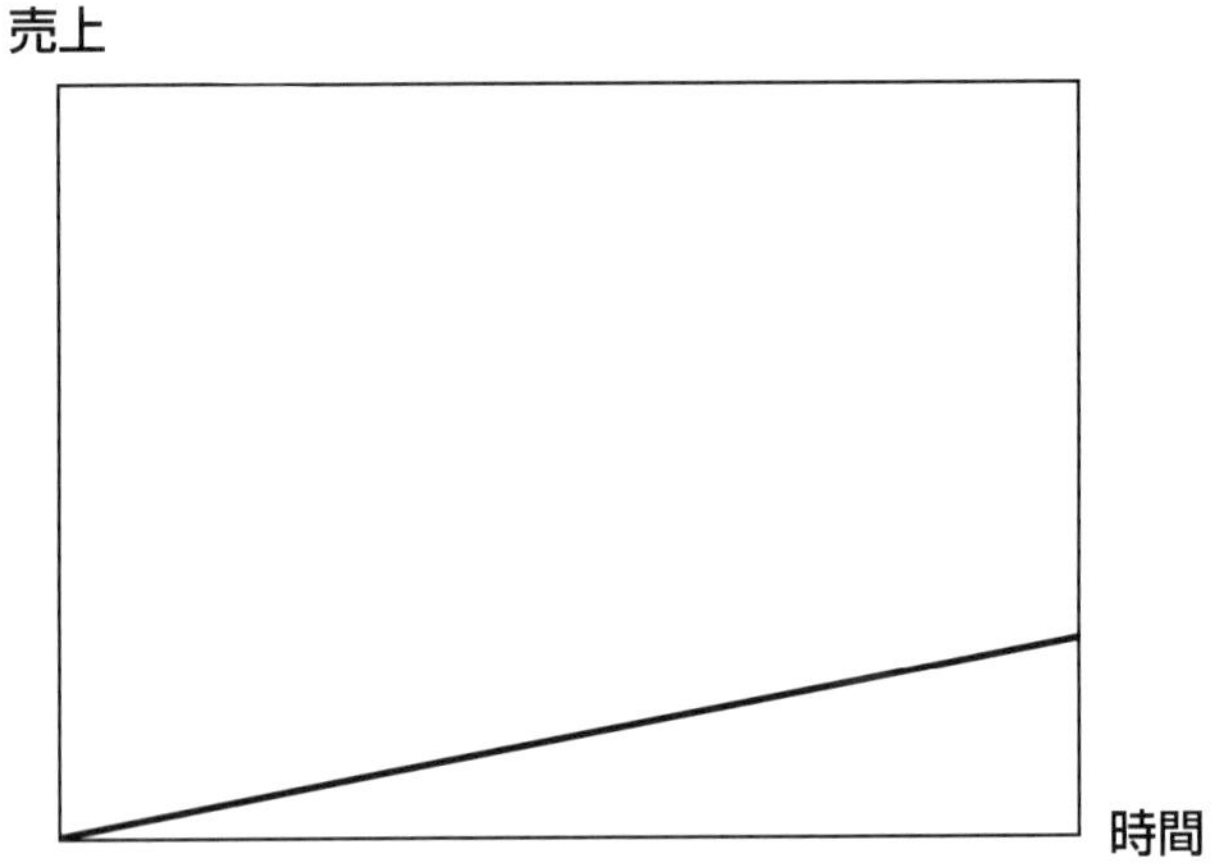

（著者作成）

図７－２　ネット販売にかけた時間と効果の相関

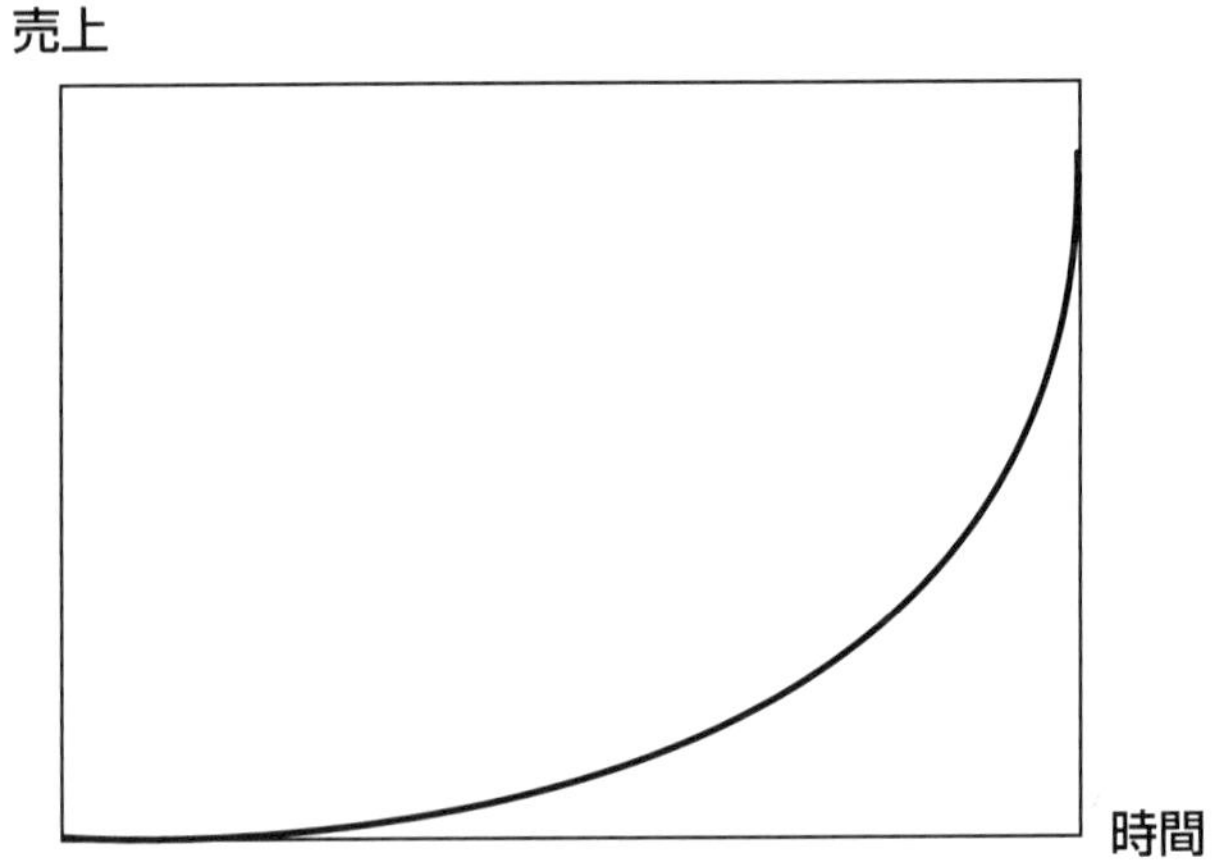

（著者作成）

最初はページを作るために、文章を考えたり写真を撮ったりと、時間をかけて多くの準備をします。販売を開始しても、集客を拡大するにはどうしても時間がかかります。広告を出すにしても、設定をするのに時間がかかります。

しかし、一度売上が出始めると、あとはどんどん右肩上がりに売上が伸びていく傾向があるのです。売れるポイントに達すると、全国から一気に訪問者が集まるからです。そして、アクセス数が増えていくので、検索上位に表示されるようになります。そこまでいくとデータも集まって改善点が明確になり、修正を加えてますます売れる流れになります。このような好循環が生まれるのが理想です。

ですから、**最初は結果が出なくても落ち込まずに続けましょう**。大事なのは売上に一喜一憂せず、楽しく続けることです。自分が考えている方向性が正しいのか自信がない場合は、ネット販売で売れているページと自分のページを比較したり、すでに成功している人にページを見てもらったりしましょう。

おすすめは、**売れているページの共通部分を見つける**ことです。ずっと広告が出続けているページを見ると、「トップ画像の下に『メディアに紹介されました』と載っている」「トップ画像にエンブレムが2つ入っている」といった共通部分が多く見つかります。そういう人気のページを定期的にチェックして、流行りなども含めて確認しましょう。ネットの進化は早いものなので、常に最大限の売上を出すためにも、良いページは参考にしましょう。

特に注意したいのは、200以上のアクセスがあるのに1件も問い合わせがない場合です。これは、そもそもページが良くないということの表れなので、修正を考えましょう。そして、新しく200程度のアクセスを集めて再び反応を見ます。これを繰り返していくうちに、世の中のニーズに合った形になってきます。

成功曲線が右肩上がりであるように、ネット販売において、何もせずに最初から稼げるというのはあり得ないと思っておきましょう。自動的に安定して売れるようになるのは、時間をかけて積み上げた努力の結果です。

そうなるためにも、常にお客様の悩みに合わせながら楽しく販売していきましょう。

最強の集客方法はフルマーケティング

販売ページを公開した後は、集客も大事になります。ネット販売における集客は、ページに多くの方が訪問してくれるように工夫することです。基本的には、売れるページができたら、あとは訪問者が増えれば増えるほど、売上も伸びていきます。

大きな利益を出すには、フルマーケティングをするのが確実です。自分の販売ページに来てもらえるように、あらゆる方法を試すのです。ページ公開後、何もしなくても売れることはありますが、基本的には行動した分だけ世の中からの反応が得られます。

そして一度売れるポイントが見つかったら、ネット販売では大きな利益を出すことができます。販売ページと集客方法の相性もあるため、予想外のところで人気を集められることもあります。その意味でも、フルマーケティングは大事だといえます。

具体的な集客方法は、次のとおりです。

・ブログ
・Twitter
・Facebook

・Instagram
・YouTube
・リスティング広告（グーグル広告・ヤフープロモーション広告）
・メディア（新聞・雑誌・TVなど）
・DM（チラシ・リーフレット）
・口コミ

最初はこの中から一つ選んで、集客を試しましょう。
ブログは商品に関する記事を書いて、定期的に販売ページを紹介します。そうすることで、ブログの訪問者が販売ページにも飛んでくれて、集客することができるのです。現在、多くのブログが存在しているので、結果を出すには多くの記事を書く必要があります。時間はかかりますが、継続することができたらアクセス数は増えるので、毎日少しずつ書ける方は試してみてください。

ほかには、Twitter・Facebook・Instagramを使うのも有効です。商品に関連する投稿をしながら、フォロワーやファンを集めていきましょう。そして、定期的に販売ページを紹介することで、無料で集客をすることができます。

注意点としては、ＳＮＳで毎回商品の販売ページを紹介すると、嫌がられて逆効果になるということです。ＳＮＳでも普段のコミュニケーションが大事なので、日常に基づきながら楽しく発信して集客していきましょう。

最近狙い目なのがYouTubeです。機材や照明、編集ソフトなどの初期費用が必要ですが、それらを使って撮影ができるなら、YouTubeはおすすめです。商品に関する動画を載せて、動画の詳細から販売ページを紹介することで集客につなげられます。なるべくお金をかけないで始めたいなら、１万円程度で照明だけでも買うと良いでしょう。人物や商品が明るく映るだけで、視聴者の方にとても良い印象を与えることができます。YouTubeで人気を得るためには、基本的に１００本以上の動画をあげる必要がありますが、広告費を払わずに集客できるのは大きなメリットです。

リスティング広告は、お金を出してグーグルやヤフーの検索サイトに広告を掲載させてもらう方法です。特徴としては、これまでにご紹介した方法と違って、時間をかけずに集客することができます。第3章でご紹介したグーグル広告もリスティング広告の一つです。

リスティング広告は、検索サイトに広告を出して、1クリックされるごとに設定した金額を検索サイトに払うことになります。基本的には、1クリックを数十〜数百円の好きな金額で設定します。高い費用を払うほど、1ページ目の上部に掲載されるようになります。始めるには少しむずかしさもありますが、うまく利益を出せることもありますのでチャレンジしてみる価値はあります。詳しくは、次項「優秀な広告の回し方、考え方」をご参照ください。

ほかには、新聞・雑誌・テレビなどのメディアに広告を載せる方法もあります。しかし、これは広告料が高いことが多いので、資金に余裕が出てから試す方が良いでしょう。商材自体に多くの人の興味をひく魅力があるものでしたら、メディアの方から率先して取り上げてくれることもあります。

DMとはダイレクトメールのことで、手紙やハガキなどで特定の人に直接送る広告物です。同じように直接アプローチする媒体としては、チラシやリーフレットもあります。リーフレットは、二つ折りや三つ折りのチラシのことです。DMは、これまでに買ってくれた人にリピートを促したり、ほかの商品を購入してもらったりするときに有効です。チラシやリーフレットは、整体院やネイルサロンなどのページをもっていて、URL付きで近所にお店の紹介をする際に適しています。

口コミも集客方法としては優れたものです。商品が良かったり、サービスが良かったりすると、口コミで広まっていくことがあります。商品をより良いものにするために工夫をこらしたり、お手紙を入れて喜んでもらったりするように工夫することが大事になります。また、口コミが広まりやすいように、紹介してくれた人には次回の割引券を渡すといったお礼を用意するのも良いでしょう。

このような方法が集客としては主流です。ほかにも、異業種交流会に参加したり、直接営業をしたりする方法がありますが、まずは自分のページに来てもらえるように、一番試しやすいところから試してみてください。

ネット販売は「楽して稼げる」と思われがちですが、集客するためにはある程度の行動が必要です。最初から大きな結果は期待せずに、楽しみながらコツコツとやっていきましょう。自分の好きな分野で商材を見つけることができたら、どの過程も楽しくできるはずです。

最初は途方もないことのように感じるかもしれませんが、ライバルも全員が同じ状況なので、焦る必要はありません。頑張った分は確実に差になって出てきます。現代はそれくらいの行動力は必要です。売上が出るまでは「楽に利益を出せる」ことはありません。しかし、売上が出たあとは放置していても桁違いの収入を得られることがあるのも事実です。気長にコツコツとやってみてください。

優秀な広告の回し方、考え方

では、少し高度な広告の運用方法についてお伝えします。広告について勉強してみたいという方や、広告運用をやってみたいという方は、この項目を読んで勉強したり実際に運用を始めたりしてみてください。

ページを公開しても、ブログやSNSなどで集客をするには時間がかかります。それに対して、時間をかけずに集客をするのが「リスティング広告」です。グーグルやヤフーに広告を出して、1クリックされたら50円、といった金額を支払います。支払う金額は自分で自由に決めることができます。1クリックの金額を安くすると広告が表示されにくくなり、高くすると目立つところに表示されやすくなります。

リスティング広告には次の種類があります。

・グーグル広告（正式名称：Google広告）
・ヤフー広告（正式名称：Yahoo!広告）

どちらの広告もアカウントやIDを作って、クレジットカードと連携すれば始めることができます。広告については、サービス内容が定期的に更新されるため、マニュアル化することはほぼ不可能です。ですから、本書では大事な考え方のみをお伝えします。

広告運用は、始めるにあたってむずかしさはありますが、うまくいけば毎月大きな利益を出すことができます（始め方や方法の詳細は、グーグルやヤフーに問い合わせて聞くこともできます）。

リスティング広告を始めるにあたって、準備するものは次のとおりです。

・公開されているランディングページ（縦長のページ）
・クレジットカード
・グーグルアカウント（グーグル広告の場合）
・Ｙａｈｏｏ！ＪＡＰＡＮビジネスＩＤ（ヤフー広告の場合）

始めるにあたって、広告をどのような検索キーワードで表示させたいか決めましょう。

例えば、誕生日プレゼントに関する商品を販売する場合は、「誕生日プレゼント」「誕生日プレゼント　おすすめ」「誕生日　サプライズ」など、自分の商材に適したキーワードを設定しましょう。

キーワードには次のようなマッチタイプというものがあります。

・完全一致
・フレーズ一致
・部分一致

これは、キーワードにおいて広告掲載の範囲を決めるものです。例えば、あなたが「誕生日　プレゼント」で広告を出すように設定した場合、完全一致に設定すると「誕生日　プレゼント」以外の検索では広告が表示されません。非常に限定的な検索結果を狙って広告を出す際に使います。

一方、フレーズ一致では「誕生日　プレゼント」と設定しても、「誕生日　プレゼントおすすめ」のように検索をした人にも広告が出るようになります。「誕生日　プレゼント」が含まれていれば掲載されるため、少し広告掲載の範囲が広まるのです。

部分一致では、「誕生日　プレゼント」と設定しても、「誕生日　祝い」「誕生日　サプライズ」「誕生祝い　プレゼント」など、設定したキーワードと関連があれば広告が掲載されます。

どのタイプにするか迷うかもしれませんが、思わぬキーワードから訪問者が来て、購入してくれることが期待できるので、基本的には**部分一致で広告運用を始めることをおすすめします**。「コンバージョン設定」という設定をすると、どのキーワードから来た人が商品を購入してくれたのかわかるのですが、とても専門的になるため本書では割愛します。

広告運用はむずかしいので、いきなりすべてを理解しようとすると、何も行動できなくなります。多少の損は勉強代くらいに考えて、やりながら勉強するくらいの気持ちの方が、進めることができます。

その他のポイントは、広告の次の3つの要素に一貫性をもたせることです。

・キーワード
・広告文
・クリック先のランディングページ（縦長のページ）

広告を掲載する際は、キーワードだけではなく広告文も設定します。それらの文章に一貫性があるほど、低費用で良好な結果が得られます。例えば、誕生日プレゼントを販売するページを用意しているのに、広告文は「プレゼントなら何でも対応」として、キーワードは「還暦　プレゼント」などの設定をしていると、広告の評価が下がります。つまり、無理をして多くの人を集めようとすると、高い金額でないと広告を表示してもらえなくなって、お金が無駄になってしまいます。反対に「誕生日プレゼントを探しているあなたへ」という広告文で「誕生日　プレゼント　人気」というように商品に合ったキーワードで広告を作成すると、低コストで集客することができます。

大事なのは**「初期費用をなるべくかけないでテストをする」**ということです。**最初は１クリックを20円程度でテストして、１日の予算を１０００円以下で試してみる**ことをおすすめします。そして200クリック程度が集まっても商品が購入されなければ、広告かページのどちらかに問題があります。一度広告を止めて、どちらかを修正して再度試してみましょう。

リスティング広告は高度な内容ですが、自動化させて大きな利益を出している販売サイトも多数あります。お金に余裕があって興味があるようでしたら、試してください。

改善におすすめの無料解析ツール

作成した販売ページが訪問者にどのように見られているのかを知る方法があります。どこの文章が読まれていたり、どこがクリックされていたりするのかを確認することができるのです。それらを確認しながら、読まれている部分やクリックされるところだけを残していくと、人気の出るページを作れるようになります。改善方法がわかるので、大きく売上を伸ばすことができるのです。

解析するためにおすすめの無料サービスが「Ptengine」（ピーティーエンジン）という

サービスです。このサービスを使うと、1ページは無料で解析することができます。解析できる内容は、訪問者数や訪問者がアクセスした地域、パソコンやスマホなど、どの端末から訪問されたかなど多岐にわたります。

ピーティーエンジンの始め方は、まずは登録して、新しくプロファイルを作成します。その時、解析コードという英数字の列が発行されるので、それをメモしてください（図7－3のモザイク部分）。

次にペライチの「ページ編集」から、「ページ情報編集」をクリックして「提携サービス」をクリックしましょう。そこのピーティーエンジンの欄に、先程メモをした解析コードを入力すれば、作ったページの情報をピーティーエンジンで見ることができます。（図7－4）。

ピーティーエンジンでおすすめなのが、ページのどの部分が見られているのか一目瞭然でわかる「ヒートマップ」という機能です。この機能を使ってページを確認すると、サーモグラフィーのように、よく見られている場所は赤、見られていない場所は青と、色で判断することができます。

ヒートマップで青くなっている部分があれば、変更したり削除したりしましょう。代わりにほかの文章や写真を載せれば、改善することができます。ただし、青くなって読まれていないように表示されていても、数値などの情報は残しましょう。内容がむずかしそうなために敬遠されがちですが、科学的な根拠となる数値が掲載されているだけで商品の信用につながります。

また、ページの中でクリックされている場所もわかります。訪問者にとって気になる部分があれば、ボタンでなくても思わずクリックしてしまう傾向があります。クリックされた場所があれば、そのまま残すようにしましょう。ほかに「日本製」というような特定の言葉がクリックされていたら、その言葉に興味があると考えても問題ありません。その場合は、日本製ということをしっかりと売り出すように、アピールしていくと良いでしょう。

ピーティーエンジンは便利な多くの機能があるために迷うかもしれませんが、「ヒートマップ」と「クリック」の2つがわかれば十分です。

図７－３　ピーティーエンジンの設定画面

解析コード
注意事項
計測したいページの<body> と</ body>の間に解析コードをコピーして設置してください。
<script type="text/javascript">
window._pt_lt = new Date().getTime();
window._pt_sp_2 = [];
_pt_sp_2.push('setAccount,
var _protocol = (("https:" == document.lo
n.protocol) ? " https://" : " http://");
(function() {
var atag = document.createElement('script'); atag.type = 'text/javascript'; atag.async = true;
atag.src = _protocol + 'js.ptengine.jp/pta.js';
var s = document.getElementsByTagName('script')[0];
s.parentNode.insertBefore(atag, s);
})();
</script>
コピー

図７－４　ピーティーエンジンの提携サービス設定画面

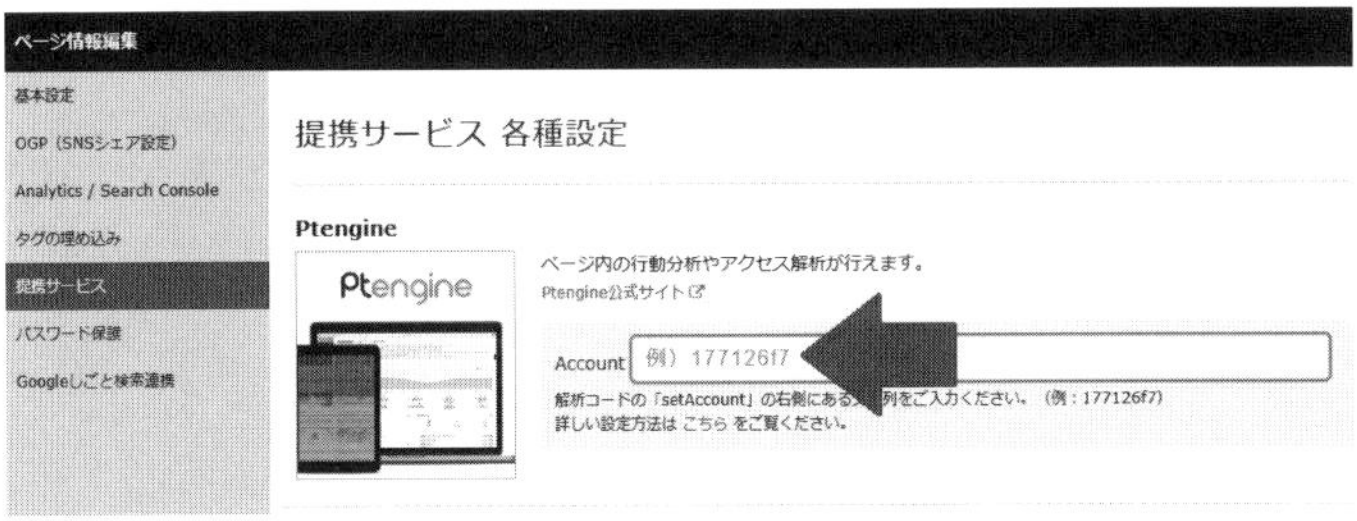
ページ情報編集
基本設定
OGP（SNSシェア設定）
Analytics / Search Console
タグの埋め込み
提携サービス
パスワード保護
Googleしごと検索連携
提携サービス 各種設定
Ptengine
Ptengine
ページ内の行動分析やアクセス解析が行えます。
Ptengine公式サイト
Account
例）177126f7
解析コードの「setAccount」の右側にある
列をご入力ください。（例：177126f7）
詳しい設定方法は こちら をご覧ください。

（出典）図７－３、７－４ともにPtengine

その他の機能としては、ページの離脱率も確認することができます。80％といったように、ページのどの部分に何％の人が残って見ているかがわかります。離脱率は、ヒートマップやクリックを見る画面で確認することができます。大事なことなので、ぜひチェックしてください。

離脱率において、ページに残っている人の割合の目標は次の通りです。

トップ画像下……75％
ページ中間………40％
購入ボタン………20％
ページ最下部……10％

これはあくまでも売れるために必要な目安ですが、参考にしてください。

トップ画像での離脱率は25％以下に抑えたいところです。つまり、ページを開いて75％以上の方が下にスクロールしてくれていれば、トップ画像に問題はないと考えて大丈夫です。これが50％以下のような数値だと、トップ画像を大きく変更した方が良いでしょう。

ページ最下部では10％程度の人が見てくれていれば十分です。90％もの人が離脱するなんて、と思われるかもしれませんが、ページ上部からなだらかに数値が低下し、10％程度になるのであれば問題はありません。ページがしっかりしていれば、これだけの数値でも十分商品を売ることができます。

誠実さこそ最強のSEO対策

検索で上位表示されるようになれば、それに越したことはありません。上位表示されるように対策することを「SEO対策」といいます。「Search Engine Optimization」の略で、日本語では「検索エンジン最適化」という意味です。SEO対策の手法は、世の中に溢れています。しかし、私が断言できるのは、結局のところ**SEO対策の一番の方法は、誠実にページを作ること**です。実は**検索サイトは昔から「正しくやっている人に上位表示をさせてあげたい」と思っています**。

とてもシンプルですが、検索サイトとしても公開されたページからは文字情報しか拾えないために、なかなか正しくやっている人を上位表示させてあげられずに、四苦八苦しています。

アクセス数が多ければ良いページだと判断すると、自分でクリックされたり、検索のキーワードを重視するとその言葉を多用されたりと、いろいろな小手先のテクニックが蔓延しがちです。

しかし、それでは真面目にページを運営している人が上位にいけないため、近年は小手先のテクニックが通用しなくなってきました。検索サイトは、ＳＥＯの判断基準を定期的に更新していますが、基本的には「ページを探している人に、必要なページを正しく表示させてあげたい」と思っていると言って間違いないでしょう。つまり、**検索サイトの基準に無理に合わせようとするよりも、お客様のためにページを作った方が自然と結果が出るようになってきた**のです。ですから、あなたがページを作るためには、本書の内容のように相手を思って作ることが、シンプルかつベストな方法なのです。

そうは言っても、その上で意識しておきたいポイントはあります。

現在はいろいろなページで溢れているため、自分だけのキーワードを狙うと良いでしょう。具体的にターゲットとなる地域や商品の分野があれば、そのキーワードをページに入れましょう。例えば、あなたが東京の池袋で30代女性に向けてヨガ教室を開いていて、ページから集客したい場合は「東京　ヨガ教室」を狙うのはやめましょう。大きなジャンルで検索上位にいくのは、ライバルが多すぎて非常に困難です。その場合は、「東京　池袋　ヨガ教室　30代」「池袋　ヨガ教室　女性」というように、あなたの強みを絞ったところを狙うようにしましょう。

そのために、ページには「池袋」「ヨガ教室」「女性」「30代」といった、自分のページに適したキーワードはしっかり入れておきましょう。そうすることで、他のライバルと差別化できて、お客様の取り合いもせずに済みます。もっとも、誠実な気持ちでページを作っていれば、自然と適切なキーワードが入っているはずです。

ほか、最低4000文字以上のページを作ることも、SEO対策には有効です。ある程度の文字数がある方が、キーワードも増えますし、しっかりしたページと判断してもらうことができます。

ページの文字数を簡単にチェックする方法もあります。公開した販売ページで、パソコンがWindowsなら「Ctrl」+「A」を、Macなら「Command」+「A」押しましょう。するとー瞬ですべての文字を選択できます。そこで、その全文をコピーしましょう。最後に、「文字数　カウント」で検索して、表示されたサイトに、先程コピーした文章を貼り付けると完了です。それで、カウントボタンを押すと、簡単にカウントされます。

無理には押さない

購入する意思のない方に良い印象を抱いてもらう方法があります。それは無理には押さないことです。商品を買ってもらいたいという思いが強いあまり、無理に押して購入させると、クレームにつながったり口コミの評判が悪くなったりします。**心理学用語に「心理的リアクタンス」というものがあり、人は強制されると反発したくなるものです**。ですから、問い合わせで適切に対応して、商品についても理解をしてもらえているのに、お客様がためらっている場合は、潔くあきらめましょう。今は残念ながらあなたを必要としているお客様ではありません。無理に買わせようとしない方が、結果的にあなたのためになるのです。

ページ作成にあたっての文章も同様です。お客様の悩みや商品のメリットはしっかりと載せる必要がありますが、無理に買わせようとする文章は、不信感につながります。過激な文章やあおりの文章は載せない方が良いでしょう。

また、本来の対象ではない方が問い合わせをしてきても、「ウチの商品だと今回は対象ではなさそうですが、○○の方で探してみてはいかがですか」とできる限りのアドバイスをしましょう。ほかの会社の商品を買ってしまうのではと思われるかもしれませんが、**対応で重要なのは、お客様の購入意思に関係なく「できる限り感動を与える」こと**です。たとえ今回は他社の商品を購入しても、お客様はあなたに対して好印象をもちます。そこから評判が良くなったり、買わなくてもファンになってくれたり、新規商品ができたら今度は購入してくれたりするかもしれません。

誰からも買ってもらえることが一番ではありますが、そうでない場合は、無理には押さず感動されるように対応しましょう。

感動されるメールや電話対応のコツ

メールや電話で問い合わせをくれる方は、興味はあるけれど購入に踏み切れない迷いや疑問があります。その思いに合わせて対応することで、購入に結びつけることができます。

メールや電話で最も大事なことは、やはり「お客様の本当の悩みを把握する」ことです。お客様は問い合わせてきても、本当の悩みを口に出すとは限りません。それを把握できないまま話していると、満足を得られず購入に至りません。

例えば、あなたが歯のホワイトニング剤の販売をしていて、特定の成分の濃度について聞かれたとします。ところが、成分の濃度をそのまま「○％です」と回答しても購入につながるとは限りません。本当の悩みは「歯が溶けないか心配で問い合わせをした」という場合もあるからです。ですから、電話やメールを受けたら、本当の悩みを把握して、解決に努める必要があります。

本当の悩みを聞くには、質問された単語を使って、もう一段深く問い合わせている理由を聞くことです。先ほどのホワイトニング剤の例なら、「成分の濃度のことでお問い合わせをされましたが、何か心配やお困りのことがあるのでしょうか？」という質問をするのです。

すると、「実は、歯が溶けないか心配なんです」というように、本当の悩みを答えてもらうことができます。そして、その悩みを把握した上で、あなたなりのベストな回答をするように努めましょう。そうすることで、購入率は格段に上がることでしょう。

また、人によっては複数の悩みを抱えている場合もあります。ですから、最後に「ほかに心配やお困りのことはありますか？」と聞くようにして、すべての悩みを聴くように心がけましょう。人は不安要素が一つでもあると行動できないものです。すべての悩みを聴いて、その上で商品を紹介できたら、高い購入率が得られることでしょう。

メールの受信や電話に着信履歴があった場合は、返信や折り返しの電話はできるだけすみやかに行うことも心がけておきましょう。

発送する際に入れる手紙の書き方

お客様がリピーターになってくれるのは、想像以上のサービスを受けたときです。そんなふうに思ってもらう一助として、商品を発送する際に手紙を入れることをおすすめします。毎回、手書きでは大変なので、文章を印刷したものでもかまいません。ただ、より親しみを感じてもらうため、手書き風のフォントにしたり、手書きのものを印刷したりするとなお良いでしょう。

内容は、まずは購入してくれたことに対して素直に感謝の気持ちを伝えましょう。本来はそれだけで十分ですが、商品についての補足も書いておくと親切です。使い方や、使用上のアドバイスも簡単に書くと良いでしょう。

商品を販売していると、購入後にも問い合わせで質問されることがあります。そのような質問で多いものは、質問と回答の内容を手紙にあらかじめ書くようにしましょう。例えば、シューズの販売をしていて、「靴紐だけの購入はできますか？」という質問が多い場合は、手紙の中に「靴紐のスペアがご入用の際は、原価の○○円でお安くご購入いただけます」というように一言添えましょう。

販売ページでの「よくある質問」欄は、購入前の不安を解消する内容がほとんどです。購入後に出てくる質問とは少し違います。ですから、購入後にありがちな質問は、手紙の中に書くようにしましょう。

また、ささやかな物でかまわないので、プレゼントを入れると感動してもらえます。商品を入れる専用ケースだったり、付属品のスペアだったり、プラスアルファの価値を提供できると良いでしょう。ただ、人によってほしいものは違います。例えば、シューズを購入したのにハンドタオルが付いていたというのでは、喜んでもらえるかどうかわかりません。シューズを購入された方にシューズのクリーニング用のタオルを付けるなど、**プレゼントは商品に関する物がおすすめです**。

商品の価格以上の高額なプレゼントを付けることは、景品表示法の違反になる恐れがあるので注意してください。そういったことからも、プレゼントはちょっとした物で十分です。

発送の際に送る手紙は、気持ちとして一言でも入れるだけでお客様に喜んでもらうことができます。少しの手間でとても大きな成果が出せますので、ぜひ一筆添えるようにしましょう。

全国から感謝の手紙が来る日々

ネットで商品やサービスを販売していて、格別にうれしいのはやはりお客様から感謝の言葉をもらえることです。商品の準備から対応までしっかりやっていると、全国からお手紙をいただけることがあります。

手紙からは、購入してくれた方がどのようなことを求め、喜んでくれるのかを知ることができます。それは今後の販売にとても参考になるものです。

私の販売ページでは、商品開発から発送の対応まですべて徹底したサービスを追求した結果、以下のようなことで喜んでいただいたことがわかりました。

商品やサービスに満足……76％

納品の速さ…………………18％
対応の親切さ………………6％

手紙の内容で多いのは、商品やサービスを利用して効果があったという感謝です。このことからも、お客様は普段から購入する商品やサービスの効果を求めていることがわかります。ですから、ネット販売をする際は、ページや広告を修正するだけではなく、商品自体も喜ばれるように工夫しましょう。そうすることで、販売者も購入側も喜べるＷｉｎ－Ｗｉｎの関係で、気持ちよく過ごすことができます。

クレームが来たときの対処法

ネット販売をしていて、多くの人が恐れるのはクレームです。世のため人のためを思って販売していても、クレームや苦情が寄せられることはあります。

商品やサービスによってクレーム率は異なりますが、**一般的にクレーム率は1～4％と言われています。**お客様からクレームがあると落ち込んでしまう方もいますが、１００人中1〜4人でしたら、気を落とす必要はありません。どの業種でもクレームは基本的に一定程度あるものなので、過剰に気に病まないようにしましょう。

あらかじめ次のような対応方法を決めておけば、万一クレームがきても冷静に対処することができます。


まず、商品やサービス自体に不満をもたれているのであれば、すぐに着払いで返品してもらい、返金しましょう。負担が増えるだけで利益は出ませんが、放置していてトラブルが大きくなれば、その分損失もふくらみます。

クレーム率が5％以上ある場合は、商品やサービスを見直す必要があります。クレームの内容に目を向けて、商品を修正しましょう。

どうしても返金したくない場合や、返品のきかない商品を売る場合などは、あらかじめ販売ページに「一度購入された商品は返金できませんので、ご注意ください」という内容を明記しておきましょう。

クレームの内容に、商品やサービスに取り入れるべきものがあれば、改善を図りましょう。例えば、返信が遅いというものであれば、返信の優先順位を上げてすぐ返すようにしたり、ページに「大変恐縮ではございますが、混雑時は返信に3～5日程度かかります」と書いたりすることで、クレームを減らすことができます。

広告や集客方法・ページ・問い合わせまで徹底して誠実に販売すると、1000人以上の方に販売しても、1件もクレームがないことがあります。自分を守るためにも、集客から販売まで誠実に行ってください。

基本的にはお客様に喜んでもらえることがほとんどなので、楽しんで販売しましょう。ネット販売がうまくいって、お金の面でも生活の面でも、あなたがどんどん成功されていくことを願っております。

・ネットビジネスの心得⑦　人間はお金以外の幸福感をもっている!?

あなたは幸せを感じて生活していますか?

幸福には多くの種類がありますが、最新の脳科学により、幸福は医学的に大きく3つに分類できることがわかりました。

ビジネスの成功によって**お金を得たときの幸福感は「ドーパミン」という脳内物質が関与**しています。報酬となるお金や物が手に入ると、ドーパミンが分泌されて幸せを感じるのです。しかし、人間の幸福はそれだけではありません。ビジネスで真の成功を手に入れるためには、ほかの幸福も得る必要があります。

太陽光を浴びたり散歩やジョギングなどのリズム運動をしたりすることで「セロトニン」という脳内物質が活発に分泌され、幸福感を得ることができます。第6章のコラムでも書いたように、外で散歩をすることは非常に大切なのです。

また、人との楽しいおしゃべりや、**見返りを求めない親切をしたときなどに「オキシトシン」という愛情ホルモンが出て**心身が元気になることも解明されています。

収入を増やすことだけを目的に室内でパソコンにかじりつくのではなく、外に出て、世の中の役に立とうと思って行動することが大事です。そうすることでセロトニンやオキシトシンが分泌されて幸福度が上がります。その上で良質なページが作れてお客様に喜んでいただき、その結果お金が入ってくる。それこそが最高の幸せといって間違いないでしょう。

本書を読んだあなたが、お金だけではなく人も大事にしながら成功し、最高の幸せが訪れるように願っています。

（図１）　ネット販売　黄金の構成の組み立て方

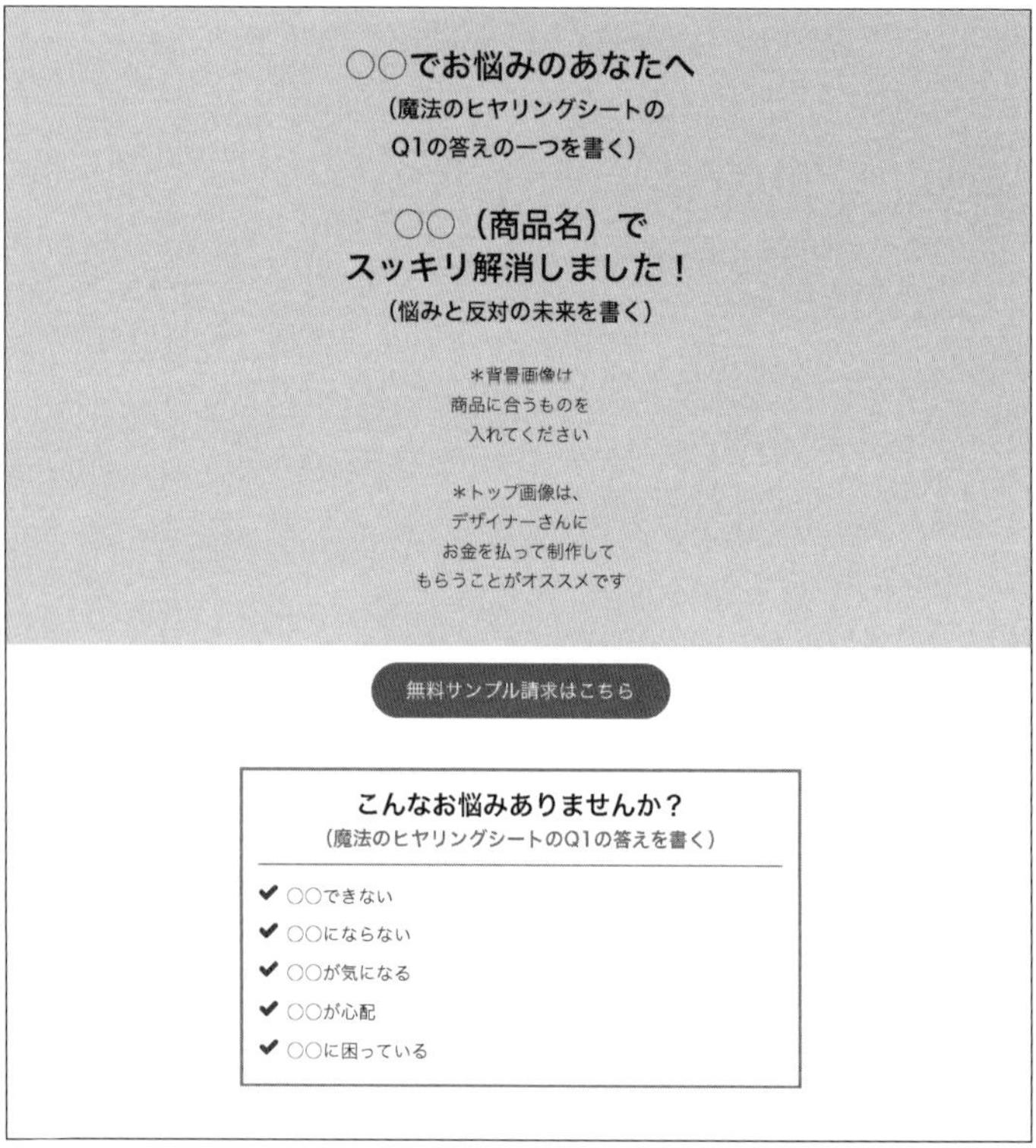
○○でお悩みのあなたへ
（魔法のヒヤリングシートの
Q1の答えの一つを書く）
○○（商品名）で
スッキリ解消しました！
（悩みと反対の未来を書く）
＊背景画像は
商品に合うものを
入れてください
＊トップ画像は、
デザイナーさんに
お金を払って制作して
もらうことがオススメです
無料サンプル請求はこちら
こんなお悩みありませんか？
（魔法のヒヤリングシートのQ1の答えを書く）
○○できない
○○にならない
○○が気になる
○○が心配
○○に困っている

商品紹介

商品画像

カンタンな商品の説明
（○○の素材を使用しています、など）

商品名の紹介
○○ができるようになる
「○○○○（商品名）」

（魔法のヒヤリングシートのQ2の答えを書く）

商品動画

（動画は必須ではありませんが、
商品を使っている様子が
分かる動画があると理想的です）

○○（商品名）の特徴

（魔法のヒヤリングシートのQ3の答えを書く）

商品画像

○○になります！

○○になる理由を記載

（△△%の素材を使っているので
○○になります、など）

商品画像

○○に最適です！

お客様が得られる良い未来を書く

（この○○クリームで、
ニキビ跡が目立たなくなるので
鏡を見るのが楽しみになります、など）

お客様の声

（魔法のヒヤリングシートのQ4の答えを書く）
（お客様の声は許可をもらって掲載してください）

○○のお陰で快適になりました。これまでは、××だったので困っていました。そんな時、○○をインターネットで見つけることができました。最初は買うか迷っていたのですが、買ってみて大満足です。もっと早く買えば良かったと思うほどでした！！

○○県○○市 ○○代・男性
○○○○様

家族のプレゼント用に○○を買いました。梱包も丁寧で喜んで受け取ってもらうことができました。またプレゼントをする際は、利用させていただきたいと思います。ありがとうございました！

○○県○○市 ○○代・女性
○○○○様

○○を使うメリット

（魔法のヒヤリングシートのQ5の答えを書く）
（メリットを箇条書きします（3〜7個くらい））

商品画像

1.○○を使うほど、○○になります！

○○は○○だから、
○○にピッタリです。

○○にも対応しているので、
○○にオススメです。

商品画像

2.○○は○○できるようになります！

○○を使うと、
○○ができるようになります。

これは、○○は○○を
厳選しているからです。

商品画像

3.○○は取り扱いが簡単です！

○○は取り扱いが
誰でもできて、
とっても簡単です。

○○は○○なので、
はじめての方にも安心して
ご利用いただけます。

（魔法のヒヤリングシートのQ6の答えを書く）
（データや数値の根拠）

○○社　○○○○認定

品番：○○-○○○ △△認定番号：○○
品番：○○-○○○ △△認定番号：○○

商品ラインナップ

（魔法のヒヤリングシートのQ7の答えを書く）

大人気！○○○（商品名）

商品画像

○○予防 ○○対策に！ △△で解決！

メーカー希望小売価格○○○○円（税込）

購入はこちら

○○の方にオススメ！△△△（商品名）

商品画像

○○でお困りのあなたに！ △△で解決！

メーカー希望小売価格○○○○円（税込）

購入はこちら

ご購入の流れ

（魔法のヒヤリングシートのQ8の答えを書く）

Step.1

ご注文

「購入はこちら」から購入します。

○○決済、△△決済がご利用いただけます。

Step.2

発送（○～△日程度）・到着

ご注文を確認後、○～△日以内に発送いたします。

電話・メールでのご注文はこちら

Tel：○○-○○○○-○○○○

メールでのご注文は、

○○○○○@○○○○.jpまで。

営業時間：○○:○○～○○:○○（定休日：○○）

どうぞお気軽にお問い合わせください！

無料サンプル請求はこちら

よくある質問

（魔法のヒヤリングシートのQ9の答えを書く）

Q ○○なのですが、△△でも大丈夫でしょうか？

A はい、△△の方も安心してご使用いただけます。

Q ○○した場合、△△してもらうことはできますか？

A 万一○○した場合、電話やメールにてお問い合わせください。
代わりに××と交換致します。

私たちにお任せください！

スタッフの写真

創業○○年以来、
私たちは○○○○といった想いで
やってきました。

お客様に○○を通じて
喜んでいただけるよう、
日々研鑽に励んでおります。

（魔法のヒヤリングシートのQ10の答えを書く）

会社概要

社名	株式会社○○○○○○
設立	○○年○○月○○日
代表取締役	○○ ○○
所在地	〒○○○-○○○○　○○県○○市○○○丁目-○○-○○

購入はこちら

（以下の「特定商取引法に関する表記」等は、
ご自身で調べて記載してください。
他のネットショップも参考になります）

特定商取引法に関する表記　　プライバシーポリシー　　決済に関する利用規約

Copyright 2020 上田祐輝

（著者作成）
https://peraichi.com/landing_pages/view/0enbooktokuten

（図２）　ヒヤリングシート

【魔法のヒヤリングシート】

Q1：お客様の心からの悩みは何ですか？

（イメージや調査をして、思いつく限り書いてください）

Q2：あなたの商品を15秒で紹介してください。

Q3：あなたの商品の特徴は何ですか？（他の商品にはない特徴など）

Q4：今までお客様から喜ばれたことは何ですか？

Q5：あなたの商品を使うメリットを教えてください。

（書けるだけ書いてください）

Q6：あなたの商品が良いという数値やデータを教えてください。

Q7：これまでの質問の回答をまとめて、
あなたの商品を短く魅力的に説明してください。

Q8：あなたの商品はどのような手順で買えますか？

Q9：商品についてよく聞かれることは何ですか？
　　また、何と答えると安心されますか。

Q10：商品を通じたあなたの想いを教えてください。

Copyright 2020 上田祐輝

（著者作成）
https://peraichi.com/landing_pages/view/0enbooktokuten2

おわりに

最後まで本書を読んでくださり、本当にありがとうございました。最後にあなたにプレゼントがあります。それは、ビジネスを成功させて幸せに生活している人たちが意識していることについての話です。ビジネスをうまくやりながら、**毎日が楽しく人生を充実させている人は、意識して「良い情報」を目に入れています**。

ニュースをはじめとする世の中の情報は、暗い話や悲しい話が多くなってしまいます。そうした情報だけを見ていてもビジネスを成功させることは困難です。成功している人たちは、楽しく明るい情報もたくさん見聞きしているのです。

過去を振り返って未来を思うときも同様です。どんな人にも人生には必ず辛いことや苦しいことがあります。しかし、良かった出来事を思い出したり、将来の楽しいことを実現させようとしたりすることこそ、ビジネスの成功には大事なのです。そうした明るく前向きな意識の力が、ネット販売などの日々の成功につながります。そうすることで、周囲の大切な人の豊かさにもつながっていくことでしょう。

本書をお届けするにあたって、著者の私以外にもたくさんの方が人生を懸けた仕事をしてくださり、この本が誕生しました。ここで簡単にですが、感謝を伝えたいと思います。

出版のご縁をつくってくださった笹原隆生さん、ありがとうございました。笹原さんのお声かけがなければ間違いなく、この本は誕生しませんでした。出版前から原稿の執筆中も、ずっと私のことを応援してくださいました。心強い応援に感謝を申し上げます。

そして、出版社としての関わりを超えるほど熱心に総監修してくださった山中洋二さん、本当にありがとうございました。山中さんが出版に関わった40年以上の豊富なご経験やアドバイスはすべて本書にも注ぎ込まれました。著者の私も自分が思っている以上の本に仕上がりました。また、編集で根気よく担当してくださった松本威さん、本当にありがとうございました。一日で文章の特徴がわかるほどの鋭い洞察とともに、終始私を温かくサポートしてくださいました。松本さんが私の担当で本当に良かったと思っております。

すてきな表紙をデザインしてくださったごぼうデザイン事務所のみなさまにもお礼を申し上げます。

そして、ハンドメイドについての助言をくださった田口さやかさん、ありがとうございました。多くの情報を惜しみなく教えていただけたことは、本書の執筆にあたり大変参考になりました。

また、家業として磨きをかけてきた上田家や会社のメンバーにも感謝しています。特に父はすばらしい商品を用意してくれました。ありがとうございました。最後に、ネット販売を始めることを私や家族に提案してくださり、ビジネスのサポートをしてくださった株式会社いないいないばぁの皆様にお礼を申し上げます。本当にありがとうございました。

読んでくださったあなたへ

本書には、私が世界中のいろいろな成功者と出会って直接教わり、実践しながら修正してきた成功法則をすべて詰め込みました。できる限りのことを行動してテストしてきた上で結果を出せたベストなノウハウです。本書の内容を実践して結果を出している人は数多くいますので、ぜひあなたも実践していただければ幸いです。

本書を最後まで読んでくださったあなたが収入を増やし成功して、ご家族やご友人たちと幸せに過ごせることを、心より願っております。

2020年5月　上田　祐輝

【参考文献・ブログ】

・『禁断のセールスコピーライティング』（神田昌典著、フォレスト出版、２０１４年）
・『不変のマーケティング』（神田昌典著、フォレスト出版、２０１４年）
・『副業を成功させる　45の習慣：「好き」と「得意」を生かして月30万円稼ぐ』（中村博著、合同フォレスト、２０１９年）
・『ちょっと副業をしてみたい人のための　月10万円をラクラク稼ぐ　輸入・ネット販売』（品川広平著、ソシム、２０１８年）
・『人生は、マネしてトクして楽しもう。』（下川浩二著、ゴマブックス、２０１７年）
・『ひらめく！　ひとり散歩ミーティング』（有田秀穂著、きこ書房、２０１６年）
・「億万長者のビジネスモデル」（http://koiken.hateblo.jp）

＜プロフィール＞

上田　祐輝（うえだ・ゆうき）

株式会社心と体サプライズ代表取締役
株式会社上田防水布店Webクリエイター、
コピーライター、理学療法士

1987年、福井県生まれ。地元の高校卒業後、カナダへスポーツ留学。オリンピック選手のいる環境でスキーに励み、フリースタイルスキーの大会で優勝を飾るなどの実績を残す。帰国後、スポーツの経験を活かして理学療法の学校に入学。同校を首席で卒業後、理学療法士として病院で勤務をするが2015年に退職。売上が低迷していた家業のテント屋立て直しに専念する。ホームページ作成、コピーライティング、広告運用をゼロから学び、家族と協力して無料サービスのみを使ってネット販売を始める。試行錯誤の末、3年で月1500万円以上の売上を達成。累計売上は1億円以上で、売上はV字回復し、経営の立て直しに成功。その後、同じ立場の人を救うために会社を設立。理学療法士の経験を活かし施術業でも集客をしていくと、芸能人からの施術依頼も多数受けるまでになる。現在は、施術業を含めマルチに活動しながら、売上を増やしたい全国の事業主や、ネット販売を始めたい人のために、成功ノウハウのすべてを惜しみなく公開している。

■メルマガのご登録は
こちらから！

企画協力　笹原 隆生
組　　版　森 富祐子
装　　幀　ごぼうデザイン事務所

不用品から知識・ノウハウまで、スマホでサクサク利益をあげる！

0円で始める副業ネット販売

2020年７月10日　第１刷発行
2021年８月10日　第２刷発行

編　著　　上田　祐輝
発行者　　松本　　威
発　行　　合同フォレスト株式会社
　　郵便番号　184-0001
　　東京都小金井市関野町1-6-10
　　電　　話　042（401）2939　　FAX　042（401）2931
　　振　　替　00170-4-324578
　　ホームページ　https://www.godo-forest.co.jp
発　売　　合同出版株式会社
　　郵便番号　184-0001
　　東京都小金井市関野町1-6-10
　　電　　話　042（401）2930　　FAX　042（401）2931
印刷・製本　新灯印刷株式会社

◎落丁・乱丁の際はお取り換えいたします。

本書を無断で複写・転訳載することは、法律で認められている場合を除き、著作権及び出版社の権利の侵害になりますので、その場合にはあらかじめ小社宛てに許諾を求めてください。
ISBN 978-4-7726-6168-3　NDC694　188×130
©Yuki Ueda, 2020

合同フォレスト
ホームページ

合同フォレストSNS
facebook　Instagram　Twitter　YouTube